LE THÉATRE A LILLE

AVANT LA RÉVOLUTION

PAR

Gustave LHOTTE.

Ouvrage couronné par la Société des Sciences, de l'Agriculture et des Arts de Lille.

LILLE,
IMPRIMERIE L. DANEL.
—
1881.

LE THÉATRE A LILLE

AVANT LA RÉVOLUTION

PAR

Gustave LHOTTE.

Ouvrage couronné par la Société des Sciences, de l'Agriculture et des Arts
de Lille.

LILLE,
IMPRIMERIE L. DANEL.

1881.

AVERTISSEMENT.

Docile à l'impulsion que lui ont donnée d'érudits écrivains, l'attention publique, en notre ville, se porte avec complaisance sur les travaux d'histoire locale.

Dans ce domaine, j'ai cru remarquer un champ encore inexploré. Il m'a semblé intéressant de résumer l'*Histoire du Théâtre de Lille* pendant la longue période que le défaut de journaux nous laisse inconnue. J'ai donc recherché dans les archives municipales, dans les bibliothèques publiques, et dans quelques fonds particuliers, les détails relatifs aux origines et au développement du Théâtre, en notre cité, jusqu'au début de la Révolution française.

Les documents authentiques n'abondent pas en la matière, et la récolte n'est pas aussi belle que je l'eusse désiré. Toutefois, en 1876, elle n'a point paru à la Société des Sciences et des Arts de Lille indigne d'une de ses récompenses. Et depuis l'époque où ce travail fut couronné, il a pu s'enrichir de renseignements inédits.

Sans astreindre le lecteur à l'ennui de notes innombrables, à la connaissance minutieuse des pièces justificatives et des sources originales, je puis affirmer que la fantaisie n'a jamais suppléé dans cette étude aux lacunes de l'histoire.

Gustave LHOTTE.

LE THÉATRE A LILLE AVANT LA RÉVOLUTION.

CHAPITRE Ier.

Origines de l'art dramatique. — Le mouvement littéraire à Lille et dans la Flandre au XIIIe siècle. — Du grand rôle des spectacles dans les fêtes locales. — Participation du clergé aux spectacles. — Le repas du Faisan.

Avez-vous bien ri à la lecture des *Plaideurs?* Et sont-ils vraiment drôles ces avocats qui, pour l'exposition de leurs causes, remontent à la création du monde, faute de renseignements précis sur les époques antérieures!

Moi aussi, j'ai souri. Moi aussi, je les ai trouvés ridicules, ces bavards. Et cela ne m'empêche pas aujourd'hui d'imiter leur exemple Pour exposer l'histoire du Théâtre à Lille, je veux vous faire partir lecteurs, de l'époque où il n'y avait pas de théâtre; du onzième siècle où Lille, bourgade obscure, prend rang sur la scène historique par la construction de ses murailles et par la création de la Collégiale de Saint-Pierre, dont la dédicace appelle en nos murs le roi et la noblesse de France.

L'art dramatique d'alors n'aurait plus grandes chances de succès en nos jours. Au fond des cloîtres, des religieux composaient et jouaient des drames latins. L'Allemagne en a fourni à l'étude de nos savants, en Sorbonne, des spécimens curieux, marqués d'une certaine imagination, et dus à la religieuse Hroswithe, qui vivait au milieu du dixième siècle.

Vinrent ensuite les dialogues où le latin et la langue maternelle se donnaient capricieusement la réplique. Ainsi, sur nos scènes de province, les premiers sujets du Théâtre Italien, durant leurs tournées de vacances, exhortaient, dans la langue du Dante, de fiers guerriers qui leur répondaient en français — en français de choristes, naturellement. Je ne connais pas, avant la date de 1260, une pièce composée tout entière en langage vulgaire. Jehan Bodel écrivit alors le « Jus de Saint Nicholaï » — (le Jeu de Saint Nicolas): Et l'art prit dans nos contrées un vigoureux essor.

Les honorables manufacturiers qui firent de notre pays une usine modèle, un champ immense et prospère de fabrication, seront surpris d'apprendre qu'à cette époque, aucune des provinces du Nord de la Loire ne comptait autant d'écrivains en vers que la Flandre. Partout prenaient naissance les conféries poëtiques : Puys, palinods, cours d'amour. Une *cour amoureuse* tenue à Paris devant le roi Charles VI vit réunis, en concurrents zélés, les chanoines de Cambrai, Tournay, Saint-Omer, Lille, etc.

La renommée de nos trouvères Richard Dergnau, Leborgne, est éclipsée par la gloire d'un d'entre eux : Jacquemars Giélée, l'illustre auteur de la Satire : *Renart le Novel*, ou *Le roman du Renart*. Ce sarcasme fut comme le sel qui empêcha le génie gaulois de se corrompre dans l'air malsain du moyen âge, a-t-on dit. Peut-être. Mais l'esprit critique n'entama pas les croyances ; et les premiers essais dramatiques, tirés presque tous des Ecritures, furent accueillis avec l'ardeur d'une foi naïve sous le nom de *Mystères*. Les confréries cultivèrent cet art, ou Rhétorique courante, de pair avec la poësie.

Il y a plus de cinq cents ans que les archives lilloises signalaient la représentation publique d'un « jeu par personnaîges », le *Jeu de Sainte Catherine* en 1351 ; puis, *La fuite des enfants Aimery de Narbonne*. Le prince du Puy de Lille et ses compagnons, victorieux en divers concours, figurent pour plusieurs lots de vin au budget des largesses du magistrat. Le peuple participait souvent à ces représentations, (celle des *Actes des Apôtres*, à Bourges, ne réclamait pas moins de 494 acteurs) ; et, d'après Derode, rien n'était plus commun au XIVe siècle, à Lille, que de lutter paroisse contre paroisse à qui s'acquitterait le mieux de jouer des Mystères. L'assemblée se faisait à l'ombre des arbres qu'on plantait autour du lieu du rendez-vous. C'est ce qu'on appelait les *Jeux sous l'Ormel*.

Nos vieillards se rappellent aussi avoir vu les paroisses de Lille se rassembler et se défier mutuellement, pendant les jours de fêtes de la belle saison. Mais dans ces réunions auxquelles MM. les écoliers prenaient la part la plus active, c'est à coups de pierres et non d'éloquence que la lutte s'engageait..., à moins de considérer comme monuments littéraires les chants de guerre improvisés, sur des airs populaires, par ces mauvais bambins : « *Vivent les Saint-Sauveur, ma mère !* » et autres, dont la mélodie ne manque pas d'originalité.

Au reste, des rivalités trop ardentes contraignirent souvent le Magistrat à suspendre ou à supprimer les jeux sous l'Ormel. Un ban de 1382 punit de xx sous de forfait toute assemblée de paroisses contre autres, sauf le jour de la procession de Lille. J'ai relevé cinq défenses semblables en un demi-siècle. Et les épidémies firent aussi interdire, le cas échéant, les assemblées « pour suspendre la colère de Dieu et pour éviter les dangers qui se pouvaient suivre de ces attroupements, » en 1483, par exemple. Nos échevins ne dédaignaient pas au besoin de faire appel aux artistes des villes voisines. En 1386, les compagnons douaisiens furent appelés par eux « pour jeux de partures jouer et esbattre devant Charles VI, roi de France. »

Les Fêtes célèbres de l'Épinette qui de la fin du XIIIe siècle à 1528 furent l'orgueil de la cité lilloise, faisaient large part au goût dominant de nos ancêtres. « Le Samedy, rapporte la chronique, le roy de l'Epinette, après le repas, régalait le peuple d'une Comédie sur un théâtre fait exprès, où l'on apportait toute la grâce et la beauté propres à divertir les gens de ce temps là. Le roi vêtu d'une belle robe avec ses plus familiers et les dames de sa connaissance en étaient les acteurs et les actrices. »

Le clergé prêtait volontiers son concours aux divertissements du peuple. Les comptes de la collégiale de Saint-Pierre portent en 1408 une dépense de quarante et un sous donnés par le chapitre à *l'évêque des fous*, qui avait conduit les réjouissances dans la Collégiale. *L'évêque des fous*, qui dirigeait les représentations populaires, fut souvent un chanoine de Saint-Pierre. En 1416, les comptes mentionnent encore une « largesse » de deux sols en paiement de la peinture de cicatrices que le chanoine Jehan Rosnel s'était fait appliquer sur les pieds et sur les mains pour mieux représenter le *mystère de la passion*. C'est pousser loin le scrupule de la mise en scène, n'est-il pas vrai ?

Il n'en était pas toujours de même. Sans avoir tout à fait recours aux procédés naïfs de nos impressarii de campagne, qui se bornent à tracer à la craie, sur le fond d'une grange : « Ceci est un palais ! Ceci est un bois ! ou ceci un port de mer, » nos aïeux dans leurs interminables actions dramatiques évitaient au moyen des *décors simultanés* des dépenses par trop onéreuses. On a pu reconstituer par les manuscrits de la bibliothèque nationale plusieurs de ces curieux décors, qui comprenaient tous une partie commune : *le Paradis* figuré par une image de Dieu le père, assis dans un cercle aux rayons enflammés, et *l'Enfer*, dont l'entrée était invariablement représentée par la gueule béante d'un diable hideux et cornu. La décoration du fameux *Mystère de Valenciennes* (dont la représentation, n'en déplaise à Wagner, dura 25 jours) nous offre rangés à la file et sur deux plans : le Paradis, Nazareth, le Temple, Jérusalem, le Palais, la maison des Evêques, etc. La mer elle même y trouvait sa place, sous l'emblème d'une vague supportant un bateau. Rien de plus commode pour l'artiste et pour la rapidité de l'action... Du palais la scène se transporte au Temple ? Quatre pas en avant. Du temple, Dieu vous appelle en Paradis ?... Vingt-cinq pas en arrière..... Cette manœuvre qui évite les chutes de rideaux et les changements à vue jouit donc d'une simplicité élémentaire. Un conscrit breton la posséderait en huit jours !

Si quelqu'un de nos lecteurs, lors de la magnifique Exposition de 1878, s'est rendu dans une intéressante annexe voisine du grand vestibule et consacrée à l'Exposition théâtrale, il aura pu voir le fac-simile de la décoration curieuse de Valenciennes ; il aura pu remarquer encore qu'une disposition aussi élémentaire s'est longtemps maintenue sur la scène française, comme elle avait, sans doute, été utilisée pour les comédies antiques. Il aura appris, enfin, que le costumier, le machiniste, etc., avaient rude besogne, lors de ces représentations primitives. Par certaines énumérations du XVIe siècle, on peut avoir une idée de la liste minutieuse des accessoires : « Faut, dit l'une d'elles, deux tarières feintes pour crever les yeux à Saint Mathieu. Faut une tête feinte pour la décollation de Symon Magus, et faut que Daru décolle un mouton au lieu de lui (Espérons le!) — Faut un corps feint, plein d'os et de trippes pour simuler le cadavre de Saint Barnabé... On n'est pas plus réaliste! Et pour terminer : « Faut des lunettes pour le Diable !! » Attention délicate dont Messire Satanas a dû se sentir touché !

Le plus souvent, c'était en plein air, sur des chariots revêtus de courtines que ces représentations avaient lieu à la mode antique. Et ces « jeux sur cars » avaient fréquemment d'illustres spectateurs. Plusieurs fois, les Compagnons de *Sainte Catherine*, de l'*Abbiette*, des *Ghingans*, du *Souverain*, furent appelés à jouer devant les ducs de Bourgogne en leur hôtel de Lille. La ville leur donnait dix sous par jeu. Aux 21 principautés de Lille, on offrait en 1506 les vins de courtoisie pour avoir joué sur chars un jour de solennité publique. Pour célébrer l'élection de Charles Quint à l'empire, on vit neuf chariots de joueurs représenter simultanément des « Moralités » pendant que du haut du beffroi, des friandises locales (craquelins et sotz de pain d'Espèce) étaient jetés au peuple. Quant aux pièces choisies par les artistes en plein vent, je citerai : *La paix en la main de Dieu*, *le jeu des pays renforchiez*, (le plus prisé de ceux qui se produisirent à l'occasion de l'arrivée du roi d'Espagne en 1517); *Nequaquem*; *Ghingerlinghien*, *les deux questeurs*, *la bourse non trouvée*, *le Questeur et le Pourcelet*, *l'aveugle*, etc.

Le repas historique du faisan offert à Lille, dans le palais de Rihour, par le duc de Bourgogne Philippe-le-Bon à sa noblesse comprit plusieurs intermèdes d'une grande richesse de mise en scène. On vit par exemple un géant sarrazin amener dans la salle du festin, un éléphant sur lequel une jeune femme, vêtue en religieuse, figurait « Sainte Église. » Sainte Église s'arrêta devant le duc pour lui expliquer dans une complainte en vingt-deux strophes, (le pauvre homme!) qu'elle avait besoin de secours. Un héraut d'armes, magnifiquement paré, entra en ce moment, porteur d'un faisan recouvert de pierreries. Deux dames conduites par des chevaliers de la Toison d'Or, le suivaient. Le héraut rappela à l'assemblée la coutume antique de faire vœux valables sur le paon ou sur quelque oiseau noble, et présenta le faisan au duc.

Philippe jura protection à « Sainte Église » contre les infidèles, et les convives émerveillés, échauffés par le bon exemple et par les vins généreux, s'engagèrent sous les serments les plus bizarres à une croisade qui n'eut jamais lieu.

Il paraît que le duc de Bourgogne connaissait le prestige de la mise en scène. Jules Verne lui pardonnera-t-il d'avoir utilisé l'exhibition d'un éléphant quatre siècles avant lui?

CHAPITRE II.

Révolution dans l'art dramatique. — Hostilité du clergé. — Placards de Philippe II et des archiducs. — Mollesse dans la répression. — L'official de Tournai et les comédiens lillois. — Influence favorable de la domination française.

La fin du XVe siècle voit se manifester dans l'art dramatique une tendance qui s'accentue pendant la première moitié du XVIe siècle et triomphe pendant l'autre moitié. La littérature du Moyen-Age modifie son caractère en donnant une prépondérance de plus en plus marquée aux souvenirs mythologiques et aux inspirations de l'antiquité. Après un travail d'épuration lente arrive le dénouement de cette révolution littéraire par la vogue presque exclusive des tragédies imitées ou traduites des anciens. Ainsi s'ouvrira la voie nouvelle des grands poètes français.

Avec les personnages des théâtres grec et romain, la licence et l'obscénité remplacèrent souvent la crudité naïve des vieux auteurs. Dans un tourbillon plus drôle qu'édifiant se trouvèrent confondus les saints, les dieux du Paganisme, les diables et les anges. Et si les curés et les moines furent souvent mis en scène, ce fut par exceptions rares qu'ils y jouèrent de beaux rôles.

Peut-être n'en faut-il accuser que la sincérité des auteurs. Mais on ne s'étonnera pas que les spectacles populaires aient perdu dans ces conditions la protection du clergé. Ils n'exciteront plus que sa colère quand la Réforme cherchera dans ce mélange des choses sacrées et profanes des armes contre lui.

La licence engendrée par la manie d'imitations des fêtes antiques souleva bientôt aussi les censures ecclésiastiques les plus vives. On n'a point oublié le tableau de M. Mackart, qui représente l'entrée de Charles Quint à Anvers, et qui fit sensation à l'Exposition de 1878. « Le Magistrat, écrit Albert Durer, avait arrangé sur le passage du roi toutes sortes de spectacles où figurèrent les plus belles et les plus nobles demoiselles de la ville, presque toutes nues, sans chemise, couvertes seulement de robes de gaze très fine. » Louis XI, à son entrée à Paris, avait trouvé des tableaux identiques : « On vit à la fontaine du ponceau trois belles filles faisant personnages de *Seraines* (Sirènes), toutes nues « qui estoit chose bien plaisante, » dit le chroniqueur, un peu trop enthousiaste. Moins plaisante, en tous les cas, que l'exhibition qui signala à Lille en 1467, l'arrivée de Charles-le-Téméraire : « On y remarqua, parmi les représentations en plein air, le *Jugement de Paris*. Vénus était une énorme femme du poids de deux quintaux; Junon sèche et maigre; Minerve, bossue par devant et par derrière. Les trois déesses étaient nues et portaient de riches couronnes. »

Les processions offraient elles-mêmes des tableaux qui n'avaient rien de religieux. On voyait dans la procession de Lille des sibylles réciter des vers et les divers corps de métier rivaliser d'exhibitions attrayantes pour attirer les applaudissements de la foule. Les pâtissiers tiraient orgueil d'un géant et d'une « géanesse » de vingt pieds de hauteur, que nos cavalcades modernes ont remplacés par Lydéric et Phinaert. Le fameux géant ou « gayant » de Douai, comme ses émules des différentes villes de Flandre, a une origine analogue.

Le soir de la procession, il y avait devant les halles représentation de pièces tragiques et comiques vis à vis du Magistrat. Le jeudi soir, on donnait des prix à ceux qui s'étaient le plus distingués sur le théâtre ou dans la procession. Mais, rapporte Tiroux, comme ces représentations se faisaient par gens de métier plus capables d'exciter la risée que la piété, en sorte qu'on aurait dit une mascarade spirituelle, on les supprima. Bien longtemps après, la procession de Lille n'avait pas perdu toutes traces de l'antique coutume. En 1729, le jour de la procession, le régiment royal italien joua devant *le Poids* sur un théâtre la *décollation de Saint-Jean-Baptiste* et le *Jugement de Salomon.* Et vingt ans plus tard un cortége complet représentait dans la procession les *Actions illustres du roi Salomon.*

L'hostilité du clergé ne détruisit pas chez le peuple, ni même chez le Magistrat, le goût des spectacles. Toute fête marquante, toute visite princière faisait surgir de terre les théâtres en plein vent. La Réforme fomentait la révolte ; le gibet punissait « le moindre désespect des choses sainctes. » Et cependant, l'entrée de Charles Quint en 1547 fournissait au Magistrat un prétexte pour prodiguer les spectacles de toute espèce. En 1549, huit mille livres étaient consacrées aux réjouissances publiques pour fêter l'arrivée du comte d'Espagne. Toutes les sociétés dramatiques de Lille, donnèrent des jeux par personnages : *Titus, Vespasien, Gédéon*, etc. Nouvelles libéralités des échevins et pour réjouissances quatre jeux de farces, quand l'empereur pénètre à Gênes. Mais le comte d'Espagne devient le farouche Philippe II et de sa main de fer, il va tenter de dompter la passion populaire, qui porte ombrage à l'église.

Le 26 janvier 1559, un placard interdit de chanter ou jouer *publiquement, en compagnie ou en secret* aucunes farces, ballades, chansons, comédies, refrains ou autres écrits « *esquelz soyent meslees aucunes questions, propositions ou faictz concernant notre relligion ou les personnes ecclésiastiques...... et quant aux jeux de Moralitez qui se font ou jouent à l'honneur de Dieu et de ses sainctz ou pour recreation honneste du peuple, ils ne se pourront jouer ou reciter quilz ne soient préalablement visitez par le principal curé, officier ou magistrat de livres.* »

La multiplicité même des ordonnances qui se succédèrent sur la matière dans l'espace d'un demi-siècle prouve combien les échevins de Flandre les appliquaient à contre-cœur. Le plus souvent ils fermaient les yeux et comme l'abbé Carnel en fait la remarque à propos de Dunkerque, les représentations furent bientôt reprises ostensiblement. Plus en vue, le Magistrat de Lille eut parfois la main forcée. Il dût sévir en 1563 (année où portant il y eut à Lille des jeux de folie,) contre Michiel et Antoine Cardon, Jacques Lorthioir, Jehan Destombes, Loys Prevot, Pierre et Jean Bousseman, qui avaient été jouer sur la place de Mouveaux, le jeu du *Veau d'Or* et une farce, en dépit des ordonnances. Tous furent conduits, par un sergent de la ville, ayant en mains une torche allumée de six livres, à l'église paroissiale de St-Étienne pour y laisser les torches devant le Saint-Sacrement, et être reconduits en prison après avoir dit à genoux les paroles prescrites par la condamnation. On les élargit le dimanche suivant, après même cérémonie ; mais sous charge d'assister chaque dimanche à la messe paroissiale de Mouveaux, et d'en rapporter un certificat authentique du curé.

Le lieutenant de Mouveaux qui n'avait pas empêché la représentation fut déclaré inhabile à exercer la profession de lieutenant ou de bailly.

Il fallut un moment courber la tête sous l'orage. Le Magistrat de Lille annonça aux habitants que l'année 1565 serait la dernière où la représentation des *Mystères* serait permise. On voulut du moins marquer cette date par une solennité extraordinaire. Les manuscrits du temps nous ont conservé les détails de la fête à laquelle contribuèrent tous les corps de métier de la ville, chacun par la représention d'une *histoire* ou scène tirée de l'histoire sainte. La liste serait trop longue, quoique curieuse, des sujets choisis par ces corporations. Parmi les plus singuliers, il faut citer celui des Chandeliers : *Darius recevant des baffes (des fagots, c'est-à-dire des verges) de sa cocubine,* et celui des savetiers : *La Circoncision de Moïse.*

Pendant trois jours entiers, sur les places publiques, devant les halles et divers autres lieux, on fit ces parades religieuses. La foule courait d'un théâtre à l'autre voir les spectacles.

Devant sa passion s'émoussaient tour à tour les édits. Dès 1573, le gouverneur des Pays-Bas se voyait obligé de renouveler la défense de jouer et composer : « *jeux de moralité, farches, dictiers, refrains, ballades engendrans scandales ..... et aussi personnages ecclésiastiques par ou le peuple est mal édiffié et descheu..... et causent accroisemens des mauvaises et dampnables sectes.* »

En 1585, nouvelle ordonnance donnée à Anvers : « Les jeux de rhétorique, hors la bible ou histoire sacrée, ne pourront être représentés sans avoir auparavant été approuvés par l'évêque diocésain. » Ce n'était pas une interdiction absolue. Enfin les années 1593 et 1598 furent marquées par des placards des gouverneurs des Pays-Bas dont une lettre des archiducs vint corroborer les prescriptions pour toute l'étendue de la chatellenie de Lille, le 15 mai 1601.

Sous cette pluie de décrets et d'ordonnances, des compagnies de comédiens se constituaient pourtant ; et les magistrats ne manquaient pas d'autoriser leurs représentations dès qu'on leur en offrait quelque prétexte spécieux. Plusieurs furent ainsi données à Lille au commencement de l'année 1590 à la suite de la requête curieuse adressée au Magistrat par six comédiens de Lille qui n'en étaient pas à leur coup d'essai.

« A Tres honores nos seigneurs Mayeur, Eschevins, conseil et huict hommes de la ville de Lille.

Remontrent humblement Jaspar Flameng, Claude Gambie, François Desquermes, Pierre Despinoy, Jehan Duhamel et George Dugardin, tous joueurs de jeux et comesdiens de ceste ville de Lille que *pour distraire la jeunesse et peuple d'icelle ville des tavernes et cabarets les jours de dimanches et festes et les tenir lesdits jours en ladite ville sans s'absenter* hors d'icelle et aussi affin d'éviter à noise et questions qui adviennent souvent esdits jours à raison de la boison, iceux suppliant seroient intentionnés avec l'aide et assistence de leurs confrères joueurs, moyennant le congé de vous, très honores seigneurs, et même *pour donner exemple édificatoire de salut audit commun* de, aux Paques prochainement venant, monstrer et exhiber en ladite ville de Lille esdits jours de dimanche et festes aux heures accoutumées, *come d'anciennete a este fait* la passion de Notre-Seigneur et Rédempteur, come on l'a fait du passé dans la cour du roi notre Sire (cour de l'Hôtel-de-Ville) et autres lieux promettant lesdits suppliants au préalable icelle exhiber et faire visiter par M. le docteur Carpette (chanoine de St-Pierre, visiteur des livres) et en faire exhibition à vous, mesdits seigneurs, et en ce lieu et plache qu'ils trouveront comode, qui sera aussi au contentement de vous, mesdits seigneurs. Et prétendent à cause des mises et despens qu'ils se poldront pour ce faire ensuivre de chacune personne six deniers tournois, offrant moyennant à payer et fournir au profit des pauvres de ceste dite ville quatre livres parisis par chacune journée qu'ils joueront, ce que lesdits suppliants n'oseroient ni ne voudroient faire sans le congé de vous, mesdits seigneurs ; qui est la cause que iceux suppliants se retirent vers vous, prudents et discrets seigneurs, vous suppliant bien humblement ce que dessus leur vouloir permettre et accorder.

Et aussi que en iceux jeux ils se conduiront et maintiendront come ils ont fait du passé en tout honneur et honnesteté sans aucune repréhension. Cy ferez bien. »

Dans son humilité, quel petit chef-d'œuvre de persuasion que cette requête curieuse par les noms, les détails, les arguments qu'elle nous fournit ! Le Magistrat n'eut garde d'y résister. Comment empêcher des hommes de bien de détourner la jeunesse des distractions dangereuses, des tavernes, des querelles après boire ! La demande fut donc accordée à charge pour les comédiens de payer 100 sols parisis chaque journée, moitié pour la caisse des pauvres, moitié pour l'Ecole dominicale de la ville, et sauf examen de la pièce par les commis de l'évêque de Tournai.

Bien que le ridicule et le scandale de ces représentations se trouvassent autant dans l'interprétation et les jeux de scène que dans le texte des pièces mêmes, il est certain que l'examen préalable de l'autorité ecclésiastique suffisait pour les rendre régulières devant les ordonnances. Mais ce droit d'examen souleva parfois entre le Magistrat et l'official de Tournai des conflits d'une extrême violence. Nous l'allons voir bientôt.

La paix conclue en 1598 entre l'Espagne et la France donna lieu à de véritables saturnales. L'occasion parut favorable pour remettre au grand jour toutes les folies que le sanglant despotisme de Philippe II avait réussi jusqu'alors à contenir ; et le 7 juin de cette même année reparurent à la fois les *papes, rois, princes, abbés, amiraux* et autres seigneurs burlesques dont les chroniques lilloises nous ont gardé la liste. Voulez-vous, lecteur, que je vous présente quelques-uns de ces intéressants personnages ?

Le *pape des Guingans,* qui a donné son nom à la petite place où il tenait sa cour, était alors Jean Cardon ; l'*Empereur de la jeunesse*, Jean le Miewre ; le *Prince du Rucho* (du Ruisssseau) Mathieu Bourgeois ; le *Prince des Coquarts*, Jacques Billet ; le *Prince de Peu d'Argent*, Barthelemy Grossier ; le *Prince Lydéric*, Allard Galliot ; le *Prince de la Sottrecque* (fontaine située rue de la Quennette), Jacques Dupont. Cent autres dignités non moins baroques se trouvaient réparties entre la ville et ses faubourgs.

Tous ces personnages formaient une longue procession qui parcourait les principales rues de la ville. Sur son passage se trouvaient des arcs de triomphe, des théâtres et des tentures. Plusieurs témoins oculaires ont laissé la narration de ces cérémonies, et un des historiens de Lille en a détaché les fragments qui suivent :

« Près du Moulin-Comtesse, il y avoit une porte de la largeur de dix à douze pieds et de vingt pieds de hauteur ; il y avoit six tableaux représentant la prise de Rome par l'Empereur Charles-Quint..... Puis ladite procession entra en la place des Patiniers, là où estoit représentée l'histoire de Marie-Magdeleine...... Et devant la cour d'Enfer, il y avoit une magnifique porte, et au-dessous d'icelle il y avoit la représentation du roi d'Espagne, du roi de France, et au milieu le Pape, donnant à entendre que le Pape les avoit mis d'accord..... Et ceux de ladite place avoient fait une autre histoire devant la rue de l'Abbiette, représentant les sept Vertus contre les sept Pechez mortels.... Près de la porte de Fives, il y avoit une histoire de *La Samaritaine au puits de Jacob*..... et entrant la procession dans la rue du Croquet, il y a avoit aussi une Samaritaine et auprès l'histoire du roi David contre Nabal, avec des inscriptions en vers. » Une gratification de 6 lots de vin récompensa de leur talent les artistes qui interprétèrent *Pyramus et Thisbé.*

Un autre manuscrit raconte que tous les rois, cardinaux, etc., furent baiser ensuite le pied dextre du pape des *Guinguans* siégeant en un théâtre dressé sur le marché, et la main de l'*Empereur de la jeunesse*, assis sur une autre scène, dressée devant celle du Pape, du côté de la fontaine au change (emplacement actuel de la Bourse).

Le 5 février 1600, l'entrée à Lille des archiducs Albert et Isabelle amena aussi de somptueuses solennités, dont les représentations théâtrales formèrent encore un des principaux éléments. Le nombre des théâtres élevés à cette occasion est excessif. On signale parmi les plus remarquables celui du *pont de Phin* (*de Phinaert*) où les *Aventures de Lydéric* étaient retracées d'une manière très brillante ; et le magnifique théâtre du Marché, long de 160 pieds, orné de niches, termes et statues, où le nouveau souverain devait paraître pour prêter serment à la ville.

J'ai cité les *Aventures de Lydéric*, fort goûtées du public lillois à cette époque. C'est alors, en effet, que les *quatre maîtres comédiens* de Lille, autorisés par la ville, et désireux de désarmer, autant que possible, l'hostilité du clergé contre leurs spectacles, substituèrent presque entièrement aux mystères et moralités, des *comédies* tirées de l'histoire locale ; Lydéric, Jean, duc de Bourgogne et l'empereur Charles Quint furent les héros qu'ils choisirent. Le Magistrat autorisa la représentation de ces comédies pourvu qu'elles fussent préalablement examinées par un délégué de l'évêque de

Tournai. Mais celui-ci se prétendit en droit d'empêcher toutes représentations théâtrales, au moins « *les jours de festes et dimences.* » Le Magistrat protesta véhémentement contre ce qu'il appela un abus d'autorité ; il désigna lui-même un ecclésiastique pour faire l'office du censeur que l'Évêque Michel d'Esne se refusait à nommer, et le spectacle fut annoncé pour le 23 avril 1600. Sur l'ordre de l'évêque, les curés des paroisses de Lille prononcèrent en chaire l'excommunication contre les maîtres comédiens et ceux qui assisteraient à leurs spectacles. Nos échevins ne se tinrent pas pour battus. Ils songèrent un instant à opposer aux foudres épiscopales la saisie des biens temporels de l'Eglise dans leur juridiction. Déconseillés par des légistes, ils se contentèrent de faire publier une consultation de deux éminents docteurs de Cambrai qui reconnaissaient catégoriquement leurs droits. Cette consultation semble avoir, pour un temps, apaisé le conflit. Mais dès 1610, de nouveau l'official de Tournai sévissait, avec la plus grande rigueur, contre les comédiens lillois. Jehan Leleu, maître d'hôtel, Evrard et Philippe Leleu, ses frères, tous trois joueurs de comédie à Lille furent cités publiquement dans les Eglises à comparaître en personne devant l'officialité de Tournai « pour répondre sur leur foy, assavoir Evrard, Philippe et Jehan Leleu à s'abstenir incontinent de jeux et comédies sous peine d'excommunication. »

Les frères Leleu n'augurant point favorablement de cet appel firent d'abord la sourde oreille ; l'official, qui ne badinait pas, les arrêta tous trois et les emprisonna à Tournai. Excommuniés plus tard, ils se pourvurent devant le nonce apostolique à Bruxelles ; et moins rigide que l'évêque de Tournai, le nonce cassa la sentence d'excommunication, procura aux comédiens des lettres d'absolution, et leur donna désormais pour *visitateur* le docteur Paul Colvenère de l'université de Douay.

Les manuscrits relatifs à la juridiction de l'official contiennent mille preuves de la sévérité que le Tribunal diocésain déploya pendant longtemps encore contre les comédiens des villes de son ressort. On voit ainsi que Jacques Coillo, « *maître de la plache* » à Lille, fut condamné à une amende de douze livres, attribuables aux *Brigides*. Paul, Philippe et George Dujardin, autres comédiens lillois, eurent de même à verser une amende de trente huit sols.

Mais il est certain que les condamnations devinrent d'autant moins rigoureuses que le théâtre s'épura davantage.

La réunion de Lille à la France, en 1667, acheva de détourner ces rigueurs. Les errements du règne de Philippe II n'étaient plus possibles sous le souverain qui honorait publiquement Molière de ses faveurs.

Bien avant Molière, les comédiens du roi de France vinrent faire des représentations à Lille dans l'ancienne halle échevinale ; et notre concitoyen, M. Houdoy, dans ses patientes recherches relatives à la Halle échevinale, a pu constater que dès le début du XVIIe siècle, elle avait donné asile à des troupes de comédiens jouant devant le Magistrat.

Une version quelque peu accréditée prétend à tort que Molière donna une représentation de *Tartuffe*, ou pour mieux dire de *l'Imposteur* devant le roi Louis XIV campé sous les murs de Lille dont il faisait le siège. L'origine de cette erreur, c'est que Molière, le 8 août 1667 envoya au roi, alors devant Lille, plusieurs sujets de sa troupe solliciter l'autorisation de représenter *l'Imposteur* à Paris, mais nullement lui en donner le spectacle au camp.

A l'exemple du roi, le Magistrat de Lille accorda dès lors protection ouverte aux comédiens. Non-seulement les archives du temps ont gardé la preuve de certaines munificences importantes, par exemple en 1682, une gratification de cent écus aux comédiens du prince d'Orange pour une représentation à l'occasion de la naissance du duc de Bourgogne ; mais nous allons voir les troupes de tragédie et d'opéra régulièrement installées dans le *Palais de Rihour* que les échevins avaient acheté en 1654 au roi d'Espagne Philippe IV.

CHAPITRE III.

Le théâtre au Palais de Rihour. — Quelques mots sur le théâtre inspiré par le clergé.

Il paraît certain que dès 1686 une modeste scène était édifiée dans la grande salle du Palais de Rihour. On voit, en effet, à la date du 3 novembre de cette année, le Magistrat inviter les ambassadeurs de Siam, revenant de la cour de Louis XIV et descendus à l'*Hôtel du Lion d'Or*, aux concert et spectacle de gala qu'il leur offrit à l'Hôtel de Ville. On termina par des feux d'artifice lancés du haut des fenêtres.

Déjà, en 1675, les comédiens du prince-gouverneur avaient donné sur un théâtre, difficile à préciser, une tragédie en 5 actes, *Hippolyte* de Mathieu Bidart, licencié en droit, conseiller au bailliage. Cet ouvrage fut imprimé chez Balthazar Le Francq.

En 1683, Florent Carton Dancourt, acteur débutant du Théâtre de Lille, entré en 1685 à la Comédie française, écrivait un acte en vers, *le Nouvelliste de Lille*, qui fut indubitablement représenté en notre ville. La même année voyait paraître *La mort d'Hercule*, tragédie du même auteur.

D'une délibération de 1698 résulte la preuve que trois ans auparavant, on avait démoli un théâtre établi dans la grande salle de l'Hôtel de Ville pour le reconstruire de l'autre côté du Palais, près du siège de la Bourgetterie et de la Saïetterie où son installation n'avait pas les mêmes dangers.

Lille possédait alors une troupe régulière d'opéra, devançant en cela bien des grandes villes. En 1697, en effet, Pascal Colasse, gendre de Lulli, maître de la charge de la Musique de chambre auprès du roi, obtint un privilège pour l'opéra à Lille. Il en fit une exploitation préjudiciable à ses intérêts. Mais le roi, qui aimait ce compositeur ennuyeux et plat, l'indemnisa par un don de 10,000 livres quand un incendie ruina son entreprise, et il lui conserva sa place de Maître de la Musique de sa chambre. Il dévora, du reste, tous ses bénéfices dans l'alchimie, à la recherche de la pierre philosophale.

On reprochait souvent à Colasse les vols qu'il faisait à Lulli. Un jour, à Paris, le chanteur Thévenard l'ayant plaisanté sur ce sujet, la conversation se termina par des coups de poings. « Comme te voilà fait ! » dit un musicien à Colasse, en voyant ses habits déchirés. « Comme quelqu'un qui revient du pillage, » riposta Marthe Le Rochois.

J'ai compté six représentations d'opéra en l'espace de douze jours, du 17 au 29 janvier. Les représentations étaient donc fréquentes ; mais elles ne paraissent pas avoir été fructueuses. Elles entraînaient des frais assez considérables et comportaient un personnel de dix sujets au moins, dont trois dames : C'étaient M. Desbrosse, M. Deseschalliers et sa femme, M. Dumessy et sa femme, M. Bouilliet, M. Boutenquois, M. Hurez, Mlle Simons et M. Delamotte.

Si les auditeurs étaient rares, il n'en fut pas de même des créanciers, qui pullulèrent. Les cabaretiers surtout poursuivirent nos artistes de notes formidables qui font plus d'honneur à la vaillance de leurs estomacs et de leurs gosiers qu'à leur tempérance. Ne sachant plus où donner de la tête, ces pauvres chanteurs supplièrent le gouverneur de la ville, le maréchal duc de Boufflers, de les autoriser à quitter un pays aussi inhospitalier. La troupe de Tournai consentait à changer de résidence avec eux. L'intervention du Maréchal obligea les créanciers à autoriser ce chassé-croisé, et la troupe lyrique partit pour Tournai en compagnie d'un receveur chargé de retenir pour les créanciers lillois un tiers des bénéfices futurs. Quelle sinécure !

De nouvelles instances adressées de Tournai par les mêmes

acteurs au duc de Boufflers prouvent que le public Tournaisien ne sut pas mieux que le nôtre apprécier leurs talents. La haute protection du duc de Boufflers leur évita néanmoins les pricipaux inconvénients de la situation. On n'osa trop molester ces débiteurs ! Les pamphlets du temps nous affirment que le Maréchal n'avait rien à refuser à Deseschalliers, ni surtout à sa femme. Bellone et Vénus plaisent aux braves, disaient nos grands-pères.

Le théâtre de 1695 avait été construit par un charpentier sur la demande d'une troupe d'opéra qui devait le couvrir de ses frais par une rétribution d'un demi-écu à la représentation. Pierre Delangre, en achetant l'office de concierge de l'Hôtel-de-Ville, s'assura ce revenu et fut subrogé, par une ordonnance du Magistrat, aux droits de l'entrepreneur. Il jouissait donc tant bien que mal, plutôt mal, de cet impôt prélevé sur les comédiens qu'il déclare « gens infatigables dans leurs prétentions, et changements, et résolus à ne rien accorder qu'à la force, implorant pour cela le tiers et le quart. » Ce n'est pas M. Perrin qui l'eût contredit ! Les Ministres de la bourse commune des pauvres présentèrent à leur tour au Magistrat une requête pour élever à leurs frais dans la grande salle de Rihour un théâtre destiné à la représentation des opéras, comédies et autres divertissements publics. Le loyer de ce théâtre reviendrait à la bourse des pauvres. Le Magistrat s'engageait à le laisser subsister dix ans au moins, et à faire démolir, aussitôt sa construction achevée, le théâtre de Delangre.

Il faut ici défendre nos échevins du reproche d'imprévoyance dont on les a chargés pour avoir établi dans la salle principale de l'Hôtel de Ville une scène assez importante, qui rendait imminents les dangers d'incendie. Le Magistrat, au contraire, qui déjà avait fait démolir, en 1695, le petit théâtre élevé sur cet emplacement, résista avec énergie aux vœux des ministres des pauvres. Ceux-ci, malheureusement, s'assurèrent l'appui tout puissant du maréchal de Boufflers. En vain les délégués du Magistrat lui démontrèrent-ils la réalité du danger : Le maréchal déclara qu'il fallait que les ministres eussent leur théâtre. Un ingénieur qu'il envoya pour la forme visiter la salle eut la prudence de n'y découvrir aucun obstacle aux volontés de Monseigneur, qui, lui-même, reconnut l'état des lieux « sans trouver aucune difficulté ni péril pour le feu. » Le Magistrat dut céder. Par une série de résolutions où il prit le plus grand soin de dégager sa responsabilité; il accepta les offres des Ministres et repoussa la demande d'indemnité de Delangre, la démolition de son théâtre provenant non de la volonté du Magistrat, mais de l'ordre seul du Maréchal. Ce pauvre concierge était dépouillé au nom du bon plaisir de Monseigneur.

Toutefois, on se montrait disposé à soutenir les droits acquis par Delangre, avec son office, s'il voulait entreprendre à ses risques la construction du nouveau théâtre, aux mêmes conditions que les ministres des pauvres. Delangre, suffisamment édifié par une première expérience, ne consentit pas à se lancer dans une aventure aussi aléatoire, et céda la place.

En quelques mois, la scène nouvelle était terminée. Le Maréchal en fit avoir le privilège à Deseschalliers, et à son aimable compagne : La vertu trouve toujours sa récompense ! Mais l'exploitation entraînait des frais considérables. « Pour s'establir avec éclat au nouveau théâtre, » et dans le but d'atténuer les charges, le directeur s'entendit avec le sieur Lacoste pour la vente exclusive des confitures, liqueurs et fruits, dans l'emplacement situé sous l'amphithéâtre. Aucun revendeur ne devait être toléré dans les escaliers, ni dans la cour de l'Hôtel-de-Ville. L'apostille du Magistrat, autorisant cette convention, sauf à ne point vendre plus cher qu'ailleurs, date du 11 may 1699 et correspond à peu près à l'ouverture du nouvel opéra.

Dix-huit mois après, le feu s'y déclarait avec une intensité effrayante. C'est dans la nuit du 17 au 18 novembre 1700, à la suite d'une représentation de *Médée*, tragédie-opéra, que les flammes envahirent le théâtre. En quelques heures, l'aile presque entière de l'Hôtel, où était dressée la scène, s'abîmait en cendres. Ce ne fut qu'après plusieurs jours de travail et de sérieux accidents que l'incendie put enfin être étouffé.

Plusieurs chronogrammes, consacrant le souvenir de cet événement, parurent alors : « *eCCe MeDea* ! » Voici Médée ! dit un bel esprit : « *peLLe CoMeDos* ! » Chasse les comédiens, ajouta un autre qui n'aimait pas les spectacles. L'incendie avait servi ce dernier à souhait, et les comédiens n'avaient plus d'asile, quand deux entrepreneurs, Courtois et Aubursin, s'offrirent à construire un théâtre plus important que les précédents, en face de l'aile du Palais de Rihour qu'avait épargnée l'incendie.

Pendant que se prépare l'exécution de ce projet, jetons un coup d'œil rapide sur le théâtre religieux, ou plutôt, sur celui qu'inspire et dirige le clergé. Au moment même où il faisait aux spectacles populaires une guerre implacable, le clergé n'avait pas la même crainte de ceux dont il pouvait prendre en mains la direction. Les élèves des Jésuites donnaient représentations privées et publiques, rétribuées parfois par les dons gracieux du Magistrat. En 1593, le recteur touchait de la sorte 54 livres, valeur des dix-huit quesnes de vin qu'on lui avait allouées la dernière fois qu'il avait fait jouer la comédie. Le jour des Caresmaulx, les élèves donnèrent nouvelle comédie devant la Halle. On voit dans les comptes de la ville une somme de 15 livres pour les joueurs de hautbois qui prêtèrent leur concours à ce spectacle. En 1598, un petit théâtre fut même établi à proximité de la rue du Molinel pour les élèves des Jésuites. Le 22 février 1599, on y représenta *l'Enfant prodigue*; le 18 septembre 1600, une action morale; et en 1601, *le Martyre de Saint-Julien*.

Les élèves du collège de Saint-Pierre donnaient également des représentations nombreuses, aux dates habituelles de la Saint-Remy et des Caresmaulx. Un cahier des dépenses, perdu à Gand, au milieu des archives du Conseil de Flandres, nous montre en six années, de 1630 à 1636, une douzaine de rétributions à Mᵉ Jocquet, régent de Saint-Pierre, dont la plume féconde improvisait petites et grandes actions pour ces solennités.

Le « *Theatrum religiosum* » du frère Sébastien de Saint-Pierre offre quelques spécimens assez curieux des drames sacrés que ce carme déchaussé écrivait en latin, en son couvent de Lille, pour les faire représenter par les écoliers aux époques solennelles de l'année. Ce manuscrit, du début du XVIIIᵉ siècle, contient trois drames :

1° *La mort du bienheureux père Jean de la Croix, l'honneur des Carmes déchaussés*, 3 actes en prose, mêlés de vers iambiques. La scène se passe à Cologne. Cette action fut composée à Lille en 1704, et jouée le 6 mai de la même année;

2° *La Conversion de Saint-Landelin, abbé de Crespin, obtenue par les prières de Saint-Aubert de Cambrai*. Ces 4 actes, prose et vers, furent également joués à Lille en 1704;

3° *Le ravissement au ciel du glorieux Saint-Elie, prophète et patriarche de l'ordre des Carmes* est la plus importante de ces compositions. C'est une pièce en 5 actes, toute en vers latins, ornée de chœurs chantés par les anges. — Le choix des sujets indique chez le père Sébastien la prétention un peu exclusive de proclamer *urbi et orbi* les mérites des Carmes. Sans doute, s'il eût vécu davantage, il aurait tiré de l'eau de mélisse une tragédie pieuse !

Les parents des écoliers ne comprenaient pas grand chose à ces représentations en latin. Elles avaient du moins l'attrait de la pantomime et valaient nos discours de reddition de prix en Sorbonne !

Les pièces, à l'occasion des prix, étaient le plus souvent écrites en français, et dédiées au corps municipal. Elles se représentaient un jour pour les dames, le lendemain pour les hommes. Un certain nombre des comédies et tragédies, imprimées en ces circonstances, ont été conservées. Ces solennités présentaient, pour la plupart, des dispositions identiques : Il nous suffira d'examiner l'une d'elles.

J'ai remarqué, par exemple, parmi les brochures-programmes que j'ai eues en main, la tragédie de *Jonathas le Macchabée*, du père Wastelain. Elle fut dédiée à Messeigneurs les Rewart, Mayeur, Échevins, Conseil et Huit Hommes de la ville de Lille, « par la libéralité desquels les prix seront distribués » ; et représentée à Lille, par les écoliers du collège de la Compagnie de Jésus, le 4 septembre 1724, à une heure et demie de l'après-midi pour les dames seulement ; et le 5 septembre à la même heure pour les Messieurs.

Cette tragédie fut imprimée à Lille chez la veuve de Moitemont, *à la Bible d'or couronnée*, rue Neuve, en même temps qu'une comédie ; *le Poëte extravagant* qui fit aussi partie du programme de la solennité. Des « ballets » se donnaient à chaque entr'acte. Les élèves y participaient seuls, je m'empresse de le dire.

Alors que les affiches et prospectus des théâtres ne mentionnaient pas généralement les noms des artistes, les Révérends Pères, n'avaient garde d'enlever aux familles de leurs élèves cette petite satisfaction d'amour propre. La brochure de *Jonathas* et du *Poëte extravagant*, comme presque toutes les autres analogues, détaille la répartition des rôles entre les jeunes gens. Parmi les acteurs désignés comme Lillois figurent P. J. Ghesquière, Mathias Presten, André Herts, Pierre du Castel, Louis Dragon de Roncq, J.-B.

Vanhove, L. F. Denneulin, L. Alex. Massart, Emmanuel Prouville, pour la tragédie. La comédie donne les noms lillois de Druon Carette, Ch. Franc. Broux, Philippe Maurice Favier, Jacques Clergez, Louis Alex. Massart, P. A. Scoutette, François Delforge, Jacques Belhomme, Philippe-Joseph Derode, J. F. Ghesquière. Enfin, dans les ballets, avec la plupart des élèves déjà désignés, je trouve Philippe-Joseph De Rode et Gilbert Percoutte.

Les étudiants lillois emportaient au dehors le goût des spectacles et représentations qu'ils avaient puisé dans leurs premières études ; on les voit notamment à Douai, où ils forment un groupe assez compact, s'associer par des exhibitions spéciales aux solennités de la cité. Signalons, comme spécimen, leur participation à la fête de Translation des restes du martyr Térentien :

A l'angle de la rue des Connins et de la rue Neuve (rue Fortier et rue du Musée), les étudiants lillois, élèves en philosophie du collège d'Anchin, avaient établi une grande estrade décorée à leurs dépens. « Les quatre côtés sont couverts de tapis, de rideaux de soie, de draps de couleur parsemés d'étoiles ou de fleurs de lys, nous dit une relation de l'époque. Au sommet, un nom de Jésus, appuyé sur un grand lys blanc, est posé sur une grosse boule parsemée d'étoiles. Partout sur l'estrade on voit des lys d'argent sur fond de gueules, ce qui est l'emblème des Lillois. Ce qui émerveille le plus, c'est la musique, ce sont les exécutants. Cette estrade très haute se compose de trois étages. En haut les joueurs de cornet mandés exprès d'Arras, et renommés comme les plus habiles des Pays-Bas. Ils répondent aux musiciens du second étage, et par leurs accords charment les auditeurs. A l'étage inférieur, qui était le mieux paré, la Ville de Lille, vêtue d'une robe fleurdelysée vient sous les traits *d'une nymphe en compagnie de ses anges protecteurs* présenter aux deux martyrs les vœux des étudiants de Lille et leur adresse une pièce de vers latins. Tout en haut de ce triple théâtre, une inscription chronographique constate ces hommages avec leur date. »

Jusqu'à la Révolution les représentations continuèrent à être en vogue dans nos établissements religieux d'éducation. Ils se piquaient d'émulation entre eux et tiraient honneur de leurs succès. Les Augustins adressaient, en 1755, une requête dans laquelle ils faisaient valoir devant le Magistrat de Lille le talent de leurs écoliers « qui, depuis longtemps, ont toujours satisfait au public dans les jeux et processions et surpassé l'attente qu'on avait d'eux. » Sous forme de conclusion, ils sollicitaient la réparation et la décoration de leur salle de spectacle que la gratuité de leur enseignement ne leur permettait pas d'entretenir en bon état. Satisfaction leur fut donnée. Ils eurent leur salle remise à neuf.

Et de nos jours encore n'est-il point à Lille un établissement congréganiste qui possède, à côté de sa chapelle, une salle spacieuse de spectacles et concerts, où se donnent, parfois à prix d'argent, des représentations dramatiques fort suivies ?

CHAPITRE IV.

Construction de la salle des spectacles. — Démêlés avec les entrepreneurs. — Transformations successives.

Le 13 mars 1701, Courtois et Jacques Aubursin, bourgeois de Lille, sollicitèrent du Magistrat l'arrentement perpétuel, moyennant loyer de 56 florins, d'un terrain faisant face à la place de Rihour d'une part, de l'autre au palais de Rihour, et s'étendant à droite du canal des Boucheries sur 86 pieds de longueur et 77 de profondeur. Leur but était de construire pour l'opéra et la comédie, une salle de spectacles, dont la ville était privée, et une série de petites maisons attenantes, édifiées sur un modèle uniforme à fixer ultérieurement.

Les entrepreneurs s'offraient à commencer les travaux aussitôt que leur demande serait acceptée, et à indemniser eux-mêmes les possesseurs de l'arrentement. Un accord était déjà signé entre Aubursin et Louis Faucille, alors en jouissance de l'emplacement de l'ancien abreuvoir de Rihour, accord qui devait être définitif si le Magistrat accueillait avec faveur les propositions séduisantes des entrepreneurs.

Les prétentions d'Aubursin et Courtois étaient modérées. Ils demandaient : 1º que les comédiens et gens d'opéra ne puissent représenter ailleurs que sur ce théâtre, et qu'on y renvoyât aussi les danseurs sur corde, marionnettes, bestiaux, monstres, et autres choses extraordinaires, à condition que les entrepreneurs ne pourraient exiger des comédiens et gens d'opéra plus de neuf florins par représentation et des autres à proportion; 2° que le concierge du théâtre pût seul vendre dans la salle, à l'exclusion de tous autres, biscuits, oranges, fruits, limonades, café, chocolat et autres liqueurs.

Sur le rapport favorable du procureur syndic Herreng, le Magistrat adopta en principe la proposition sauf les restrictions suivantes : Si l'on cessait de faire représenter des spectacles, l'arrentement reviendrait à la ville qui paierait les constructions suivant l'état où elles se trouveraient alors. — Les entrepreneurs s'engageraient à construire vis-à-vis de la place de Rihour de petites maisons sur le modèle édifié déjà de l'autre côté de la place par le sieur Carpentier; — Enfin, ils ne toucheraient que sept florins par représentation d'opéra ou de comédie, le Magistrat se réservant de fixer lui-même le loyer pour tout autre spectacle.

Ces conditions ayant paru acceptables à Aubursin et Courtois, les travaux commencèrent aussitôt. C'est de cette époque que date la couverture du canal qui coulait librement devant l'Hôtel de Rihour. La place de Rihour gagna beaucoup aussi à l'abandon qu'Aubursin consentit à faire sur son terrain d'un ruban de 14 pieds de large dont fut agrandie la place. En retour de ce bon office l'arrentement fut supprimé; la maison de la rue de la Comédie portant pour enseigne *les Etats* et destinée au concierge du théâtre, fut exemptée de l'impôt des vingtièmes; enfin, l'on taxa avec modération les petites maisons élevées par les entrepreneurs sur la place de Rihour.

Les constructions s'effectuèrent d'abord avec beaucoup de rapidité. La salle de spectacle, large de 39 pieds et profonde de 77, fut établie au premier étage sur l'emplacement correspondant de nos jours aux maisons comprises dans l'auberge du *Mouton blanc*, dont la façade porte encore des ornements lyriques. L'entrée était placée à droite de ces maisons, dans la rue de la Comédie. La salle s'étendait derrière les constructions de la place de Rihour, et la scène touchait au mur de fond de l'estaminet *l'Audience*, dénommé alors *l'Audience royale*.

Bien que la salle des spectacles fût loin d'être terminée en ses détails en janvier 1702, (l'escalier principal à l'usage du public n'était pas même établi), il semble que des comédiens y donnèrent représentation à cette époque, peut-être pour en essayer les conditions de sonorité et d'installation. Un manuscrit, conservé dans le lot important de documents que M. Gentil-Descamps a légués à la ville, sorte d'agenda des faits marquants survenus en 1701 et pendant les années suivantes, porte en effet cette mention en date du 22 janvier 1702 : « Le 22 dudit, dimanche, les comédiens firent l'ouverture de leur théâtre dans le lieu neuf de l'opéra. »

L'achèvement parfait de la salle se fit longtemps attendre et donna lieu à de vifs débats entre l'entrepreneur et la ville. Le 26 juillet 1702, Aubursin avait déclaré la salle construite sur les dessins du Magistrat. Désireux de mettre « cet ouvrage dans la dernière perfection, » il demandait néanmoins aux édiles les plans qu'ils voudraient voir adopter pour la construction des loges et amphithéâtres. Il obtint ainsi d'élever à 9 florins le loyer de son théâtre à charge de fournir six lustres de cristal, trois belles décorations représentant : paysage, palais et camp ; et d'établir, rue de la Comédie, depuis l'entrée du théâtre jusqu'à la place de Rihour, une balustrade en bois qui mît les gens de pied à l'abri des carrosses.

Au mois d'août 1703, Aubursin se plaignait d'avoir dépensé 25,000 florins pour une salle qui lui rapportait peu, et demandait des modifications au traité. La ville le somma de fournir les décorations et les lustres sous promesse desquels il avait obtenu l'élévation loyer à neuf florins. Ces sommations furent répétées à maintes reprises. En 1708, le Magistrat à bout de patience, envoie d'office des ouvriers au théâtre, et le 10 septembre 1709, seulement, il reconnaît que le traité d'Aubursin est complètement exécuté.

La salle à cette époque était ainsi distribuée : Sur la scène même, à droite et à gauche, des sièges et des gradins constituaient les places *de théâtre* et obligeaient les acteurs à faire leur entrée uniformément par le fond. Les loges de balcon se trouvaient disposées comme dans nos théâtres. Vis-à-vis de la scène était le parterre, où l'on se tenait debout; mais la suppression des places de théâtre rendit général l'usage de placer en avant du parterre, des sièges et banquettes, qui formèrent le parquet, réservé aux élégants. Le parterre resta toujours debout. Derrière lui des gradins s'élevaient en « amphithéâtre » et portaient ce nom. Enfin le long de chaque muraille deux galeries superposées et divisées en compartiments formaient les premières et secondes loges.

En 1766, de grands remaniements vinrent modifier cette distribution. On construisit deux rangées de troisièmes loges. L'amphithéâtre du parterre fut supprimé, mais on en éleva deux autres, l'un des premières aux secondes loges, l'autre des secondes aux troisièmes. Sous les balcons, on établit deux loges grillées. Quatre petites loges furent aussi grillées au troisième rang sur la demande du public, spécialement sur celle des dames qui voulaient aller au théâtre sans être vues. Enfin les loges des côtés droit et gauche, qui n'avaient pas de communication entre elles, furent reliées par le moyen de balcons extérieurs, appliqués à la façade de la rue de la Comédie, et sur lesquels venaient s'ouvrir les rangées de loges du 1er et du 2e étage.

Les comédiens qui avaient conservé derrière la scène une petite salle, la cédèrent comme « chauffoir » aux officiers de la garnison et furent autorisés à en occuper une autre au-dessous de la salle.

Indépendamment de ces modifications intérieures, la municipalité avait exigé en 1723 l'établissement d'une deuxième entrée et d'un vaste escalier de chêne s'ouvrant sur la place de Rihour. Il fallut dix années de lutte avec Aubursin et ses successeurs pour réaliser ces travaux, de première utilité en prévision d'incendie, mais qui leur abattaient deux maisons d'excellent rapport. En vain, ils proposèrent une seconde entrée, rue de la Comédie ; en vain, tentèrent-ils, en 1722, d'échanger leur salle contre celle de Marché aux toiles, place de l'Arbalestre, (sur l'emplacement de l'Arsenal qui vient d'être démoli). Le Magistrat et l'Intendant de Flandres parlèrent en maîtres, et l'on établit l'entrée de la place de Rihour qui demeura jusqu'à la construction du théâtre actuel, la plus importante et la plus fréquentée.

CHAPITRE V.

DIRECTEURS ET COMÉDIENS.

Quand Lille posséda une salle de comédie, ce furent les comédiens qui lui firent souvent défaut. Le théâtre, comme institution permanente, ne s'établit guère en France que vers la fin du règne de Louis XIV dans les grandes villes, plus tard dans les autres; et c'est une exception heureuse qui avait valu à notre cité une exploitation régulière d'opéra, grâce au privilège accordé à Pascal Colasse.

Castil-Blaze fait d'ailleurs remarquer avec raison, dans son histoire de l'Académie royale de musique, que le drame lyrique après avoir remporté quelques victoires éclatantes, dans de grandes villes de province, à la fin du XVIIe siècle, vit sa vogue s'évanouir et laissa place à de longs interrègnes à partir de 1700. L'opéra, (et la même expérience confirme le fait de nos jours) ne pouvait se maintenir hors de la capitale, attendu que son répertoire restreint n'offrait plus d'attrait au public au bout d'un certain nombre de représentations; que tout était à créer pour ce genre de spectacles, et qu'une seule pièce coûtait plus à monter que cinquante comédies.

Les impressarii de passage étaient le plus souvent à Lille, de simples montreurs de marionnettes, pour lesquels le Magistrat réduisait à douze écus le loyer mensuel de la salle. « Ce n'est pas l'intérêt du quart de ce qu'elle a coûté ! » s'écriait piteusement Aubursin, qui dès août 1703 offrait aux échevins la résiliation du traité. Le pauvre diable n'était pas au bout de ses tracas. Il voulut au moins garder la scène libre d'engagement, en attendant les comédiens qu'une heureuse fortune pourrait lui amener. Il prit sur lui dans ce but, de disposer dans l'estaminet de l'*Audience Royale*, sous la comédie, une salle réservée aux spectacles de marionnettes. Mais l'administration municipale n'était pas tolérante, en matière d'empiètement sur ses droits. Elle s'opposa à la combinaison, et cinq ans plus tard, Aubursin en était encore à solliciter son agrément, proposant même de construire sur la petite place une maison en bois, si les montreurs n'étaient pas satisfaits du local qu'il leur réservait à l'*Audience*.

Le comédien Clavel, qui voyageait avec une troupe de comédie, séjourna à Lille en 1703 comme il l'avait fait deux ans auparavant. Mais les années étaient plus fertiles en discussions avec le Magistrat qu'en recettes, pour Aubursin. Ainsi évitait-il les dépenses les plus nécessaires. Il ne fallut pas moins qu'un ordre formel pour l'obliger, en 1706, à mettre des vitres aux fenêtres voisines de la scène, en vue de préserver les acteurs de bronchites imminentes.

Après avoir loué quelques semaines sa salle à la dame Romainville, Aubursin réussit, en 1707, à mettre la main sur une directrice sérieuse, la veuve Fondpré, dont le mari, l'année précédente, avait dirigé le théâtre de Bruxelles. Elle obtint du Magistrat, l'autorisation de jouer la comédie, à l'exclusion de tout autre spectacle jusqu'au mardi gras de l'année 1708. L'exploitation fut satisfaisante pour le public et pour les artistes; et le terme en fut prorogé jusqu'en 1709, sur la promesse spontanée de la veuve Fondpré de renforcer sa troupe, et moyennant paiement d'une somme de cent livres à l'hôpital des Invalides.

Une troupe italienne *de cordes, danses et petites farces*, sous la direction de Dolet, fut aussi autorisée à cette époque, à donner plusieurs mois de représentations, au théâtre, « leur genre ne portant pas préjudice à celui des artistes français ». Ce Dolet, si habile à dissimuler sous le nom de petites farces les pièces joyeuses qui attiraient la foule aux représentations, n'était autre que le rusé directeur de théâtre de la foire Saint-Laurent, connu par ses démêlés avec les grands théâtres de Paris qui jalousaient sa vogue, et inventeur des spectacles « à. écriteaux » Dolet accepta de donner 200 livres aux pauvres pour obtenir son autorisation.

Deux mots sur les spectales à écriteaux de Dolet : Le théâtre de la foire, on le sait, commença par des farces que les danseurs de cordes mêlaient à leurs exercices, comme Nicolet le faisait encore en 1775. On joua ensuite des fragments de pièces italiennes au grand mécontentement des comédiens français, qui firent défendre aux forains de donner aucune comédie par dialogues ou par monologues. Ceux-ci eurent recours aux écriteaux, que chaque acteur présentait d'abord aux yeux des spectateurs, puis on prit le parti de faire descendre les écriteaux du cintre. Le spectateur chantait lui-même les morceaux indiqués sur l'écriteau, pendant que l'orchestre en jouait l'air.

C'est encore en cette année 1708, propice aux amateurs de théâtre, qu'on offrit au jeune prince de Bavière, électeur de Cologne, allié de la France et par suite dépouillé de ses états, la représentation d'une pièce du cru : *Le Martyre de Saint-Eustache*, tragédie en musique, imprimée à Lille (sans noms d'acteurs ni d'auteurs), chez MM. Ignace Fiévet et L. Danel, imprimeurs du roi. Cette tragédie, en trois actes, exigeait un très grand personnel : l'empereur Adrien, son confident Rutile, l'ange, le démon, des chœurs d'anges, de soldats, de faux dieux, de prêtres, etc. Au dénouement, Saint-Eustache entrait dans un taureau d'airain qu'on chauffait à blanc ; et un groupe d'anges venait recevoir son âme.

L'électeur de Cologne, fort avide de spectacles, avait à Lille son théâtre spécial.

Dolet, dont les « petites farces » étaient goûtées, reprend possession de notre scène en 1711, puis en 1712 et en 1713, pour jouer la comédie italienne. « Sa troupe était des plus complètes, dit-il, comprenant jusqu'aux personnages de Pierrot et de sa femme. » Lui-même jouait les rôles d'Arlequin.

La paix qui rendit Lille à la France, fut en 1713, l'occasion de grandes réjouissances. Un ballet allégorique en 4 scènes, fut joué au théâtre, sous le titre : *Hommage de la Flandre au roi*. A la fin du ballet, les figures de la danse, traçaient par leur replis gracieux les mots de : Vive le roi !

Des artistes français qui jouaient à Arras, sous la direction de Chateauvert, vinrent remplacer, à Lille, la Comédie italienne, à condition de payer 10 florins par mois aux invalides ; puis, après quelques représentations de passage, un marchand de musique, Joseph Garnier, s'aboucha avec François Hespel, écuyer de M. le prince de Tingry, gouverneur de Lille, et fort de cette protection, demanda à prendre possession de la scène pour y représenter l'opéra. En juillet 1818, il se déclarait prêt à commencer les répétitions, et disposé aux plus grands efforts pour rendre l'opéra parfait. L'autorisation fut accordée. François Hespel disparut bientôt de l'association et fit place à Louis Lacoste qui garda seul la direction en juin 1719. La liquidation des comptes avec Garnier donna lieu à d'interminables procès sur lesquels nous reviendrons. Si la justice est boiteuse aujourd'hui, je crois pouvoir affirmer qu'elle était alors paralytique.

La bibliothèque de Douai a conservé les brochures de diverses pièces, jouées vers cette époque par les comédiens de Lille, connus sous le nom de troupe de Monseigneur le duc de Boufflers, en représentations à Douai. Elles donnent d'utiles renseignements sur l'importance considérable du personnel lyrique de notre scène. *Phaëton, Atys, l'Europe Galante*, composent ce répertoire.

Phaëton, tragédie-opéra en cinq actes, avec un prologue, paroles de Quinault, musique de Lully, date de 1683. Son succès fut persistant. C'est à l'occasion de l'une de ses reprises à Lille, qu'en 1718, on en réimprima le texte, vendu chez François Malte, imprimeur sur la Grand'place ou à l'entrée de l'opéra. Voici la distribution de la pièce :

Acteurs du Prologue.

ASTRÉE.....................	Mlle Lambert.
Compagnes d'ASTRÉE........	Mlles Ré, de Rivière, Batreau, Denonville, Dupré, Verdier, Ré.
SATURNE.....................	M. Creté.
Suivants de SATURNE.........	Mrs Lahaie, Harman, Castre, Loyselet, François, Futeau, Paillart, Autreau, Dandré, Aniau, Béranger, Godin, Dubois, Bourgeois.

Acteurs de la Tragédie-Opéra

LYBIE.......................	Mlle Joubert.
THÉONE	Mlle Du Jardin.
PHAETON.....................	M. Maillart.
CLYMÈNE.....................	Mlle Maillart.
PROTÉE......................	M. Creté ou Flaman.
TRITON......................	M. Renault.
EPAPHUS.....................	M. Flaman ou Creté.
MEROPS......................	M. De Chateaufort.
UN ROI ETHIOPIEN............	M. Furet.
UN ROI INDIEN...............	M. Paillart.
TROUPE DE BERGÈRES ÉGYPTIENNES	Mlles Dupré , Ré , Verdier, Béranger, Bourgeois, Dubois, Furet, Paillart, Autreau. M^{rs} De la Haye, Harman, Castre, Loyselet, Anneau. Mlles Ré, Rivière, Batreau, Hode, Denonville.
LA DÉESSE DE LA TERRE	Mlle Bourgeois.
JUPITER.....................	M. Furet.

De même que *Phaëton*, l'imprimerie François Malte, à l'enseigne du *Bon Pasteur*, vendait *Atys*, opéra de Lully et Quinaut. Paru en 1676, cet opéra avait été considéré comme le plus remarquable que l'on connut encore. L'on sait qu'un jour Madame de Maintenon exprimant cette préférence devant Louis XIV : « Atys est trop heureux ! » s'écria le roi !

Les rôles se répartissaient de la manière suivante entre les acteurs lillois dont on remarquera le nombre :

Acteurs du Prologue.

LE TEMPS....................	M. Mahaut.
LES HEURES DU JOUR..........	Mlles Rey fille, Dimanche, Rivière, Batreau, Lacroix.
PAGES.......................	Les sieurs La Haye fils, Dufène.
LES HEURES DE LA NUIT	Mlles Maillart, Brochet, Rey mère, Mrs Bauvain l'aîné, Bauvain cadet, Bourgeois, Dumesnil, Beranger, Payart.
LA DÉESSE FLORE.	Mlle Lambert.
UN ZÉPHIR...................	M. Forest.
MELPOMÈNE...................	Mlle Maillart.
HERCULE.....................	Le sieur de La Haye.
ANTÉE.......................	Castre.
CASTOR......................	De La Haye cadet.
POLLUX......................	Loyselet.
LYMÉE.......................	Hanot.
YDAS........................	La Haye l'aîné.
IRIS........................	Mlle Brochet

Acteurs de la Tragédie.

Atys..........................	M. Maillard.
Ydas...........................	M. Mahaut.
Sangarite	M. Boisseau.
Cybèle........................	Mlle Lambert.
Mélisse.......................	Mlle Maillart.
Célénus	M. Denis.
Dieu du sommeil..............	M. Forest.
Morphée......................	M. Dumesnil.
Phobétor.....................	M. Bourgeois.
Phantase.....................	M. Mahaut.
Un Songe funeste............	M. Beauvain l'aîné.
Dieu du fleuve Sangar......	M. Mahaut.

La troisième de ces pièces est un célèbre opéra-ballet, avec prologue, l'*Europe Galante*, par la Motte et Campra, (1697) qui consacra la renommée de la danseuse Sallé à l'opéra. C'est sur cette gracieuse ballerine, dont la conduite décente était considérée à l'opéra comme une originalité de bon goût, qu'on fit le quatrain connu :

> De tous les cœurs et du sien la maîtresse,
> Elle allume des feux qui lui sont inconnus.
> De Diane c'est la prêtresse
> Dansant sous les traits de Vénus.

Quant à nos artistes ils avaient à remplir les personnages suivants :

Personnages du Ballet.

1re entrée : Venus...............	Mlle Lambert.
La Discorde	M. Bourgeois.
Deux Graces........	Mlles Poitier et Brochet.
Troupe de Jeux, de Plaisirs et de Graces	M. de La Haye, maître de ballet, Lahaye l'aîné, Lahaye cadet, Hanot, Loyselet, Mlles Dimanche et Batreau.
2e entrée : Sylvandre........	M. Denis.
Céphire	Mlle Poitier.
Doris..............	Mlle Boisseau.
Philène...	M. Forest.
Un Berger........ ..	M. Brochet.
Troupe de bergers et bergères	MM. de La Haye, Hanot, Lahaye l'aîné, Lahaye cadet, Loyselet, Mlles Dimanche, La Rivière et Batreau.

3ᵉ entrée :	Don Pedro	M. Maillard.
	Don Carlos.........	M. Denis.
	Un Espagnol........	M. Forest.
Troupe de Musiciens...........		MM. Beauvain l'aîné, Beauvain cadet, Fromont, Bourgeois, Béranger.
Troupe de Masques		MM. de La haye, Hanot, Lahaye l'aîné, Loyselet, Lahaye cadet.
4ᵉ entrée :	Octavio	M. Maillard.
	Olympia	Mˡˡᵉ Boisseau.
	Une Vénitienne déguisée............	Mˡˡᵉ Poitier.
	Troupe de Masques danseurs	MM. Lahaye l'aîné, Hanot, Loyselet Lahaye cadet.
	Un Masque	M. de La Haye.
		Mˡˡᵉˢ Dimanche, Rivière, Batreau.
5ᵉ entrée :	Zuliman	M. Denis.
	Roxane	Mˡˡᵉ Boisseau.
	Zaïde.	Mˡˡᵉ Lambert.
	Troupe de Sultanes.	Mˡˡᵉˢ Dimanche, Rivière, Batreau et Brochet.
	Le Bostangi-Bachi ..	M. Beauvain.
Troupe de Bostangi chantant et dansant		MM. Beauvain cadet, Bourgeois, Béranger, Fromont, de La Haye, Hanot, La Haye l'aîné, Loyselet, La Haye cadet.

En 1720, l'opéra cède le rang à la comédie, dont une demoiselle Dujardin obtint le privilège à Lille. Elle s'entendit presque aussitôt avec Boon, acteur et entrepreneur de comédies, (encore un des directeurs connus de la foire Saint-Laurent). Elle lui concéda moyennant un huitième de ses recettes brutes le droit de jouer comédies françaises et italiennes, et d'exercer profession de sauteur et danseur de cordes, jusqu'en juin 1721.

Une troupe nombreuse de comédie succéda à celle de Boon. Elle était dirigée par la demoiselle Fondpré, fille de l'ancienne directrice lilloise et sœur de l'auteur-acteur du même nom : famille d'enfants de la balle, comme on voit. Ses artistes ne manquaient pas de mérite. Ils eurent même celui, fort rare, de valoir à leur directrice l'autorisation d'augmenter le prix des places, que lui concéda le magistrat aussitôt après les débuts.

La gestion du théâtre était décidément tombée en quenouille. C'est encore une femme, Louise Dimanche, qui la prend et qui se retire après quelques semaines d'opéra sans payer ses créanciers.

Opéra et ruine étaient deux fidèles compagnons ! Toutefois, ayant obtenu quelque répit, Louise Dimanche se remet à l'œuvre en mars 1722, et pour s'acquitter, débat avec le magistrat un tarif plus rémunérateur que par le passé. J'ai trouvé dans la bibliothèque de Douai une brochure portant la date de 1723 et la mention : *A Lille*. Elle contenait la tragédie-opéra de Mennesson *Ajax*, un prologue et 5 actes. Les principaux rôles étaient confiés à Mmes Lefebvre, Brunet, Aubert ; MM. Museur, Thierry, Debray. *Ajax*, dont la musique était de Berton avait été joué sans succès en 1716, mais fut repris avec réussite à Paris, tant la province lui fit accueil.

A cette même époque, (je le rappelais plus haut pour montrer que le jour de la procession de Lille resta longtemps l'occasion de spectacles publics), le régiment Royal-Italien joua devant l'établissement du poids publics *le Jugement de Salomon* et *la Décollation de Saint-Jean-Baptiste*.

En 1724, c'est la comédie française qui nous est offerte, une fois ou deux par semaine. Suivant l'alternative habituelle, l'opéra reprend faveur l'année suivante. Il jouit même d'une indiscutable renommée car le 3 octobre, M. de Wastau, intendant du Haynaut, ne trouve pas de réjouissance plus agréable à offrir à la ville de Valenciennes, à l'occasion des fêtes du mariage de Louis XV, qu'une représentation gratuite des chanteurs lillois, qu'il rétribua par un don de cinq cents écus.

Semblables aubaines n'étaient point communes. Les fêtes publiques, celles de la naissance du Dauphin en 1729 par exemple, n'offraient d'autres sources de revenus aux directeurs que le tiercement des places et l'organisation des bals au théâtre. Ils ne pouvaient donc montrer grand empressement à prendre la charge des plaisirs du peuple dans une ville exigeante en matière d'art mais peu féconde en ressources. Plusieurs années se succèdent sans laisser trace d'aucune exploitation de durée prolongée. « Le public de Lille est tout aussi difficile que celui de Paris », dit à cette époque et non sans une pointe d'orgueil l'historien Tiroux. « Et les directeurs n'y sont pas plus heureux » aurait-il pu ajouter.

Ce n'est point faute d'efforts, cependant, si les recettes de ces derniers laissaient à désirer. A l'exploitation de la scène lilloise, ils joignaient volontiers celle de quelque ville voisine ; de préférence, Douai. En 1731, par une combinaison qui se renouvellera souvent et dont le dernier exemple, sous la direction Bonnefoy, ne remonte qu'à quelques années, je trouve une résolution échevinale autorisant la troupe des comédiens de Lille à donner deux représentations par semaine à Douai.

Justifièrent-ils les éloges du bon Tiroux ? Peut-être en étaient-ils capables à en croire la brochure *Lille en vers burlesques* qui, décrivant les mœurs locales en 1731, consacre à notre scène un passage à lire :

> En peu de tems, enfin, Lille devint aimable,
> Tout s'est civilisé, même jusqu'à la Table.
> Parurent sur la Scène avec leur majesté,
> Ces Héros que Corneille et Racine ont vanté :
> C'est là que l'on apprit à répandre des larmes,
> Voïant ce que l'histoire a de tendre et de charmes,
> Dans fidèles portraits qu'expose au spectateur
> Des Barons, des Quinaults, le digne imitateur.

Ces compliments n'empêchaient pas la caisse d'être vide, ni la directrice d'entrer en procédure avec un imprimeur auquel elle ne pouvait payer ses affiches !

Jean Sauvé de la Noue, auteur et acteur tragique, ancien directeur du théâtre de Rouen, vint enfin rendre quelque prestige à notre scène après une longue période d'obscurité. Il paraît avoir réuni en 1740 les directions de Lille et Douai, et formé une troupe remarquable. C'est sous sa direction que la salle de la comédie lilloise fut illustrée par une mémorable solennité littéraire : la représentation de *Mahomet*, de Voltaire, duquel la correspondance abonde en détails à ce propos.

La Noue avait fait représenter à Paris en 1739 une tragédie intitulée *Mahomet II* dont Voltaire le félicita vivement, après s'être assuré qu'elle ne ressemblait en rien à la pièce qu'il préparait sur le même sujet. Quand La Noue fut à Lille, Voltaire ouvrit avec lui deux sortes de négociations. Il s'agissait de faire représenter à Lille sa tragédie inédite *Mahomet*, et de former sous la direction de la Noue une troupe pour aller jouer le répertoire français à Berlin.

Ce dernier projet n'eut point d'heureux résultats. Les artistes furent engagés par la Noue ; mais la guerre de Silésie éclata, et il se vit contraint de renvoyer avec des indemnités considérables ces acteurs désormais sans emploi. Il se trouva ruiné, ayant levé une troupe... pour le roi de Prusse.

Quant à la représentation de *Mahomet*, ce fut au contraire un succès pour La Noue dont le personnel ordinaire n'était nullement à dédaigner. «J'allai à Lille avec Mme Duchatelet» écrit Voltaire au roi Frédéric. « J'y vis un opéra assez passable pour votre Majesté. Les comédiens ne valaient pas moins que les chanteurs, et leur troupe s'améliora encore par l'arrivée de Mlle Gautier, l'une des meilleurs artistes de Rouen ». La Noue avait des raisons toutes intimes pour appeler Mlle Gautier dans sa troupe.

Les relations de Voltaire étaient nombreuses avec Lille. Outre Mme Denis, sa nièce et son mari, commis aux vivres, il y connaissait particulièrement le marquis de Valori, M. de Granville, intendant des Flandres, l'abbé de Valori, etc. Le terrain n'était donc pas mal choisi pour y essayer l'effet de cette pièce audacieuse, qu'il ne risqua à Paris que l'année suivante. A Lille, *Mahomet* fut joué dans les premiers jours de mars 1741. La pièce fut parfaitement exécutée par La Noue, artiste éminent (Mahomet) ; par Mlle Gautier (Palmire); par Mlle Clairon, l'admirable tragédienne qui depuis trois ans seulement avait abordé la scène ; enfin par un jeune acteur , « un petit Baron, qui n'a qu'un filet de voix et qui fait verser des torrents de larmes. » Les quatre premiers rôles étaient rendus mieux qu'on n'eût pu le faire au Théâtre-Français, au dire de l'auteur.

Le succès fut si grand que le clergé ne pouvant aller voir la pièce au théâtre en demanda une représentation particulière qui eut lieu chez M. de la Granville. Voltaire profita de l'enthousiasme du public pour faire jouer à Lille en mai 1741 *l'Enfant prodigue*, qui n'avait eu au début qu'une demi réussite. Enfin, il fut aussi question de *Mérope*. Mais comment transformer en reine douairière la jeune et aimable Mlle Gautier ? On y renonça.

La Noue conserva la direction de Lille l'année suivante. Il la quitta pour aller débuter devant la cour à Fontainebleau.

CHAPITRE VI.

DIRECTEURS ET COMÉDIENS (suite).

A cet éclat passager fait suite une longue éclipse ! Les saisons théâtrales succèdent aux saisons, sans que se produisent des faits assez importants pour être conservés dans les chroniques, souvent même sans qu'aucune troupe figure dans notre salle de spectacles. Thiéry, ancien comédien de La Noue, obtient le privilège de la comédie et le conserve plusieurs années. Il produit généralement des compagnies de passage, parmi lesquelles on peut signaler celle de l'acteur Renaud. En 1748, l'attention se reporte sur la scène lilloise, où l'appellent deux pièces du crû : L'*Amante ingénieuse* ou *La double confidence*, comédie en un acte en prose avec un divertissement; et la *Toilette*, comédie en un acte, dédiée aux dames par M. Farain de Hautemer, docteur en médecine. Puis je ne trouve plus trace directoriale jusqu'au comédien Longue Montmény qui entra en fonctions vers 1755 et se vit refuser en 1757 le titre de bourgeois de Lille, comme nous le relatons plus loin.

Vient après lui le directeur Bienfait dont l'activité relève la scène lilloise, et qui conserve longtemps l'entreprise : jusqu'en 1765 ou 66. Bienfait se flatte de donner « des spectacles qui n'ont pas paru », et comme le nouveau a sa valeur, il ne manque jamais, dans les grandes circonstances, de solliciter l'autorisation de tiercer le prix des places : pour la troupe d'enfants prodiges de Baron ; pour les représentations du célèbre Lekain, en 1760, etc. Bienfait ne néglige pas même les essais de décentralisation artistique. Il fait jouer en 1759 un *Artaxercès* du poëte lillois Mathon, moins bien accueilli, à la vérité, par le parterre que par le directeur. Il donne aussi l'*Amant vengé*, opéra comique en un acte de M. B***.

Mathon fit encore représenter sous le voile de l'anonyme *Andriscus, roi de Macédoine* qui fut imprimé en 1764.

Parmi les affiches très rares dont le texte ait été conservé, on en connaît une datant de 1760 et libellée comme suit :

LES COMÉDIENS DE SON ALTESSE

Monseigneur le maréchal prince de Soubise

donneront Mercredi 21 Mai 1760

Au profit de M. Martin

UNE REPRÉSENTATION DE

NINETTE A LA COUR

Comédie en vers et en trois actes, mêlée d'ariettes,

Avec ses divertissements

SUIVIE DE

LE TRIPLE MARIAGE

Comédie de M. Destouches,

Melle Martin remplira le rôle de *Ninette* dans la première pièce. Melle Roqueville remplira le rôle de *Javotte* dans la petite pièce.

En attendant *Isméne*, opéra qui n'a jamais été représenté dans cette ville, et *les Macchabées*, tragédie de M. de La Motte, tirée de l'Écriture Sainte.

Nous remarquons, dans cette affiche, la mise en vedette de certains noms d'artistes, et le titre que se donnaient les comédiens lillois : *comédiens du prince de Soubise* comme ils se dénommaient auparavant : *comédiens du duc de Boufflers*.

Quant aux pièces annoncées, *Ninette* plus connue sous le titre *le caprice amoureux* est une comédie en 3 actes de Favart, en vers libres et avec ariettes italiennes. Cette pièce, imitée de Bertolde. avait été donnée au Théâtre italien en 1755. Le *Triple mariage* datait de plus loin. C'est en 1716 que cet acte agréable de Destouches (musique de Gilliers) prit place au répertoire du Théâtre français. La vogue lui restait fidèle. *Ismène*, œuvre des directeurs de l'Académie royale Rebel et Francœur pour la musique, de M. de Moncrif pour le livret, est une pastorale héroïque en un acte qui fut comprise en 1750 dans l'opéra *Les Fragments*. Enfin, les *Macchabées* avaient valu depuis 1721 de nombreux succès à M. de la Motte. Cette œuvre, attribuée d'abord à Racine, tenait encore l'affiche avec honneur. Et peu s'en était fallu pourtant qu'elle ne sombrât à la première représentation. Quand Antiochus, en faisant arrêter les deux amants, Antigone et Misaël, leur dit ces vers :

> Gardes, conduisez-les dans cet appartement,
> Et qu'ils y soient tous deux gardés séparément ;

le mot *séparement* éveilla une idée folle dans quelques têtes ; le rire qu'elle excita, devenu contagieux, mit le parterre en veine de plaisanteries et faillit nuire beaucoup à la pièce.

A quoi tient la réussite d'un ouvrage scénique !

Une requête, repoussée par le Magistrat, prouve encore à la date de 1763 que Bienfait ne perdait pas son esprit d'initiative. A l'occasion de la proclamation de la paix, ce directeur sollicita une subvention pour donner au peuple quelques représentations gratuites. On recula devant la dépense.

La prospérité de l'entreprise théâtrale devint assez grande pour exciter l'envie. Un bourgeois de Lille, Charles Cousin, tente d'abord de lui créer une concurrence dans une guinguette établie en 1761 sur l'Esplanade. Il échoue devant les protestations des propriétaires de la Comédie. Cousin demande alors le privilège des spectacles, et s'offre à construire à ses frais une salle magnifique sur le terrain occupé par les boucheries, le corps de garde des grenadiers et le magasin des effets du roi. Par là on pourrait retenir, grâce à d'importantes recettes, des acteurs d'élite « dans cette capitale qui a successivement fourni tant à Paris qu'à la cour les acteurs les plus recommandables de la scène soit tragique soit comique. » J'imagine que tous les Gascons ne sont pas nés sur les bords de la Garonne !

Sans dénier en effet à notre scène les mérites qui lui appartenaient, je vois, dans les *Anecdotes dramatiques* la preuve que les artistes envoyés par Lille à Paris n'y brillaient pas toujours autant que Charles Cousin l'affirme pour les besoins de sa cause. On donnait à la Comédie française l'*Andronic* de Campistron, pour le début d'un acteur venant de notre ville, et le pauvre diable ne réussissait pas à captiver la faveur du parterre. Quant il vint à réciter ce vers :

Mais pour ma fuite, ami, quel parti dois-je prendre?

Un plaisant répondit aux applaudissements de l'assistance :

L'ami, prenez la poste, et retournez en Flandres !

Le projet de Cousin n'aboutit pas ; mais le privilège des spectacles, qu'il convoitait tant, lui fut concédé. Il l'exploitait en 1766 avec la demoiselle Desmarets.

La salle des spectacles subit l'année suivante des remaniements considérables, tandis que le prince de Soubise, d'accord avec le Magistrat, refondait entièrement les règlements de police et de consigne du Théâtre. Lavoy qui prit alors la direction et qui plus tard, croyons-nous, géra à Paris, une importante agence de placement pour les artistes, composa sa troupe avec soin. Elle était considérable. En voici le tableau, d'après le prospectus de 8 pages imprimé par H. Lemmens, imprimeur des spectacles en 1767, et qui s'ouvrait par une épître aux dames.

Directeur : M. Lavoy.

Tragédie, Comédie Française et Italienne. — Acteurs : MM. Le Neveu, La Croisette, Garnier, Lanville, Monvel, des Brosses, Carron, Lavoy neveu, Desessart. — Actrices : Mmes Prevot, Coste, Chateauneuf, Dulac, Garnier, Carron, Lavoy, Desbrosses, Gogo-Lavoy.

Opéra Bouffon. — MM. Desormery, Launay, Quentin, Duchesne, Desessart, Carron, Mmes Raton, Duchesne, Poussin, Clerval, Carron, Garnier.

Ballet. — Danseurs : MM. Joubert, 1er danseur et maître de ballet ; Lavoy, neveu, Malter, Vaillant, Chapron, Rey, André, Pascal. — Danseuses : M^{elles} Carron, Joubert, Dulac, Boisemont, de Gligny, Auberte, Duchesne, Félicité, Bertrand.

ORCHESTRE : *Maître de Musique*, M. Poussin; 1er *violon*, Voyez; 1er *dessus* (1ers violons), Soyez et Pollet; 2e *dessus* (2es violons), Lancez, Loyselet et Delcambre; *Tailles*, Loiselet et Carles; *Hautbois*, Delcambre et Salingue; *Basses* (violoncelles), Bordery et Desplanque; Musicien pour le clavecin, Devillers; *Bassons et Cors de chasse*, non encore engagés lors de l'impression du prospectus.

PERSONNES EMPLOYÉES A LA COMÉDIE. — La Vigne, *souffleur*. — Pascal, *machiniste*. — Manuel, garde-magasin; Cousin et François, *tailleurs*. — *Receveurs*, M. Pichorel, du côté de Rihour; et M. Potier, rue de la Comédie. — *Contrôleur*, Delaprade. — *Surcontrôleurs*, M. Chateauneuf, du côté de Rihour; M. Delahaye, rue de la Comédie (concierge). — *Ouvreuses de loges*, Melle Delahaye, parquet, balcons et loges grillées; 1res loges, Manuel et Chaperon; 2es loges, M. Petit et la femme Baptiste; 3es loges, la femme Prière. — *Habilleuses*, Lanoy et sa fille; Vandinne, Quintard. — *Garçons de théâtre*, Baptiste, Prière, Sans-Chagrin, Dujardin. — *Portiers*, Hubert Duburcq, du côté de Rihour; Flamand, rue de la Comédie, ce dernier est en même temps *afficheur*,

L'importance du ballet, et de l'orchestre; le nombre des artistes, et des emplois accessoires montrent à quelle hauteur s'était dès cette époque élevée la scène lilloise.

Les ressources étaient bien restreintes pour de pareilles charges. De là, plaintes incessantes de la compagnie d'actionnaires qui se forma vers cette époque pour l'exploitation du théâtre, dont la direction, durant quelques années, devint ainsi une sorte de gérance. La représentation de gala offerte en octobre 1768 au jeune roi de Danemarck, de qui le voyage en France fut une ovation sans trêve; les représentations de l'illustre comédien Préville, de la comédie française, sont les points saillants de cette administration malheureuse. Pour compenser de lourds sacrifices, les actionnaires qui avaient la régie du théâtre demandèrent de la ville en 1770 la collecte des impositions à raison de 3 1/2 %; faute de quoi ils cesseraient de soutenir les spectacles. « Lille est, peut-être, la seule ville, disaient-ils, où le corps municipal ne contribue pas aux spectacles. Bordeaux, Marseille, Montpellier, Lyon, Strasbourg, Metz, Valenciennes tiennent la salle de la ville, et dans plusieurs de ces cités, le chauffage et l'éclairage extérieur en plus. » Deux places au choix du Magistrat lui seraient réservées dans le parquet s'il adhérait à cette requête.

Malgré l'intervention favorable du prince de Soubise, le Magistrat se refusa à dépouiller les sept collecteurs municipaux qui ne demandaient d'ailleurs que deux trois quarts du cent. La question de subvention, si controversée de nos jours, n'est donc pas née d'hier. A défaut de ressources municipales, les actionnaires s'ingénièrent à s en créer d'autres. Ils établirent dans leur salle de spectacles des concerts pour lesquels, en novembre 1767, Raparlier sollicitait le prêt de toutes les musiques d'un autre *Concert* établi auparavant dans l'une des salles de l'Hôtel-de-Ville.

Avec le directeur Raparlier survient pour le théâtre de Lille, jusqu'en 1776, une période plus clémente. Albert-Auguste Raparlier joue la tragédie, la comédie, l'opéra, donne ballets et concerts. Pendant le cours de sa gestion passèrent à Lille bien des artistes connus : Cadoret, ancien comédien du roi, célèbre par son talent d'imitation, et sa femme, voyageant par toute la France pour représenter les tragédies assez faibles dont *Cadoret* était l'auteur et qu'il signait *Térodac*; Préville et sa femme, Le Kain ; l'excellent chanteur Caillot; Fleury et sa femme; Mme Doligny et d'autres étoiles de Paris, appelées en représentations à Lille. Raparlier, fort actif, porta de trois à cinq ou six le nombre des spectacles par semaine.

Une lettre de Collot d'Herbois, datée de Bordeaux, juillet 1772, et adressée au comédien Armand Desroziers, qui jouait les rois et pères nobles dans la troupe de Raparlier, le charge de compliments pour les acteurs Lemoine, anciennement à Bordeaux, Levil et Dessaux, amoureux d'opéra, qui appartenaient aussi à la scène lilloise (dont ce même Lemoine, comédien d'une valeur discutée, prendra bientôt la direction). Quant à Desroziers, ou plutôt Duval, c'était un garçon de bonne famille, qui avait quitté le nom et le logis paternels pour suivre une troupe de comédiens de dernier ordre, celle de Bellement. Là, il se lia, et fit ses débuts avec Collot d'Herbois, dont la situation était identique à la sienne. Desroziers, après avoir dirigé une troupe à Saint-Germain-en-Laye d'où il s'enfuit, sans ressources et criblé de dettes ; après être monté sur les planches à Nantes, à Gand, à Charleville, à Reims, à Amiens, où il s'était marié avec la fille de Warenghien, « lieutenant des perruquiers », était venu se fixer à Lille, tenant son emploi au théâtre tandis que sa femme ouvrait un établissement de coiffure dans la rue des Fossés. Tel était le personnage auquel s'adressait Collot d'Herbois pour lui demander des nouvelles de sa pièce *Lucie* jouée avec succès sur diverses scènes et que l'acteur Lemoine avait emportée de Bordeaux avec promesse de la faire jouer à Lille. Desroziers est invité par d'Herbois à joindre ses efforts à ceux de Lemoine pour déterminer Raparlier à donner *Lucie* : il y prendrait le rôle du père.

Mais Desroziers avait alors d'autres préoccupations. Il organisait à Lille une troupe de comédie et d'opéra bouffon fort en vogue à cette époque, pour prendre la direction d'Amiens en y joignant les privilèges de Douai et d'Abbeville. Il desservit en outre Arras et Cambrai avec un grand succès artistique, dont la conclusion fut une débâcle financière. Le matériel, la bibliothèque, le magasin de Desroziers furent saisis à Douai, et vendus publiquement. Sa correspondance volumineuse fut conservée dans les archives judiciaires du Parlement de Flandre ; et c'est là que j'eus la bonne fortune d'y recueillir des documents curieux sur l'histoire du théâtre à Douai et sur les mœurs et usages artistiques de l'époque.

Après des pourparlers sans fin ; des tentatives d'association avec Debourneuf, acteur à Dunkerque et ami intime d'une artiste de Lille, Mlle Clarys ; avec Grenier, acteur et ancien directeur à Rouen ; avec Rozely, un ex-comédien de Douai qui dirige avec éclat la scène de Reims ; Desroziers se résigne à marcher avec ses propres ressources. L'inventaire qu'il fit à Lille, avant son départ, en vue d'une séparation de biens avec sa femme, nous le montre déjà endetté de 1000 livres envers le tailleur du théâtre Cousin, et de 400 vis-à-vis du peintre Hennion, chargé d'une partie des décorations. C'est en ces conditions qu'il débutait à Amiens avec un personnel de 25 sujets sans compter le directeur.

Parmi les artistes de cette troupe nouvelle figuraient Mainville (premiers rôles tragiques et comiques, au besoin amoureux d'opéra 2200 fr.). Artiste applaudi depuis trois ans sur la scène lilloise ; — Flaminie, depuis trois ans à Lille (coquettes et caractères en chef ; mères nobles, confidentes de tragédie, au besoin duègnes d'opéra, 2,200 fr.). — M. et Mme Evrard, de la troupe de Lille ; — plusieurs instrumentistes de notre ville : Dubuy, Montangérand, Fournier, Delezenne ; Lenson, garçon de théâtre et Guillaume Provost, machiniste.

La correspondance de Desroziers abonde en détails sur la scène lilloise : une lettre d'octobre 1772 fait connaître par exemple la présence dans la troupe de Raparlier, de Mainville, Flaminie, Mme Depois, première amoureuse d'opéra, soubrette de comédie, Amiel,

Chaperon, Mme Coste, femme Desormeaux, Mme Carron, la mère ; et de Mme Clarys. Je vois dans d'autres documents que le comique Préval débuta à Lille le jeudi 5 août 1773 ; que Belroche, engagé plus tard comme premier comique par Desroziers, y tenait alors cet emploi et qu'il avait joué déjà à Nancy, Dunkerque, Reims, Liège (3 ans) et Copenhague ; qu'il compta successivement ou simultanément comme camarades de troupe à Lille, dans l'année 1773-74, Mme Bloy, Mlle Bloy, la jeune, Mme Dechaumont, Diamis, Mlle Thomassin, première chanteuse, M. Lhôte, Crispin, marquis ridicules, arlequins, laruette ; Mme Lhôte, jeune première dans la tragédie et dans l'opéra, forte seconde dans la comédie ; Le Mor, rôles accessoires et laruette ; Farges, Merville, haute-contre, venant d'Ypres, qui débuta heureusement en décembre 1773 ; St-Alme, seconds rôles et grand confident, second violon dans l'opéra comique ; Mme Prévost, premiers rôles de tragédie qui négocia avec Desroziers une série de représentations à Douai ; un jeune artiste, Floridor, fils du machiniste du grand opéra, « chantant les forts accessoires, seconde basse taille au besoin ; bouts de rôles grimés, pinçant de la harpe assez joliment, et entendant bien la machine, » etc.

La saison cette année fut close par les représentations de Caillot, le type accompli de l'emploi prédominant alors au théâtre : la basse-taille, ou baryton ténorisant. La partie la plus élevée de la partition était confiée à la haute-contre, voix plus aigüe et plus élevée que celle du ténor. La difficulté de rencontrer des hautes-contre, qu'on fit assez souvent remplacer par des femmes, conduisit les compositeurs à confier aux basses-tailles les rôles principaux de leurs opéras. Et Caillot s'était acquis dans ce genre une renommée telle qu'une basse-taille ne manquait jamais de faire valoir, pour argument irrésistible dans une question d'engagements : « Je chante tous les Caillot. » Caillot vint à Lille le 12 mars 1774 pour jouer *le Magnifique*.

A la clôture de la saison, Raparlier qui avait manifesté plus d'une fois le dégoût que lui causaient les fonctions directoriales, fut sollicité par Desroziers de les lui céder, moyennant le remboursement de la somme qu'il avait payée aux actionnaires. Il faudrait peu connaître MM. les directeurs pour supposer un instant que Raparlier ne refusa pas avec énergie : Les doléances font partie d'une sage administration. Elles ont pour effet d'atténuer les exigences du public, mais ne doivent pas être prises trop au sérieux. Je veux constater toutefois que Raparlier offrit à son ancien pensionnaire une association que celui-ci ne put accepter, faute de ressources suffisantes.

L'année 1774-75 s'ouvrit d'une façon satisfaisante pour Raparlier, et une lettre de Gaillard, commissionnaire, chez MM. Hermousse frères, place de Rihour, donne à Desroziers, le 30 avril, des renseignements sur les débuts de la troupe.

« Je vous dirai que la troupe de Lille est excellente en tous genres. Vous savez comme on reçoit la famille de M. Lemoyne et Mme Prévot. Les demoiselles Sénas ont eu beaucoup de succès. L'aînée surtout a eu une fureur d'applaudissements dans les ingénuités; mais cela ne pouvait pas se soutenir et tombe, par conséquent, quoiqu'elle ait du talent dans son employ. La mère est passablement reçue dans les caractères. Mme Marion, dans le même employ, a fait une chute, comme je n'en ai jamais vue. Mme Fleury, 1re chanteuse, a eu de la peine à avoir ce grand succès qu'elle mérite à juste titre; mais hier dans la *Servante Maîtresse*, elle s'est trouvée désenrouée et a forcé tous les partis en sa faveur; même pendant qu'elle chantait, on applaudissait, en sorte que l'on a reconnu qu'elle ne mentait pas en disant qu'elle ne pouvait pas chanter.

Le financier a beaucoup plu; Dubouloir a cette vérité et cette grosse rotondité de corporence qui convient à un financier, d'ailleurs bon comédien. Pour l'emploi de Poisson (*Second comique et marquis ridicule*), nous avons le dernier fils du fameux Armand, de Paris, jeune et petit à la vérité, mais charmant, plein de feu, et de bon sens. Je crois qu'il a chasse de race; il a très bien réussy. Son ami Lorville pour la grande livrée, a sans contredit, le vrai tact de l'excellente comédie, c'est un comique noble, uni, mais varié selon le genre du rôle. On luy a rendu justice et fixé pour luy tous ceux qui étaient prévenus contre. Melle Milau, que j'avais oubliée, dans les jeunes premières a beaucoup de talent et a été très bien reçue. Madame Lorville, femme du comique, dans les soubrettes a réussy pareillement. Dupart, Lonnais ont eu beaucoup de succès. Fleury a fait voir aux Lillois qu'il y avait des gens dans ce bas monde qui ne craignaient pas Caillot. On a été si content de lui qu'on a jugé qu'il devait très bien jouer la comédie; il l'a fait par complaisance. Mélai fils dans les *Deux Amis* et Dormilly, des *Fausses Infidélités* ont fait oublier son prédécesseur qui a cependant du talent. Enfin, tout le monde plaît, excepté deux qui ne se nomment pas. Le jeune premier est arrivé hier. J'ignore quel sera son destin; je lui souhaite très bon. »

Cette année heureuse réunissait en une même compagnie plusieurs des directeurs futurs de notre scène : l'acteur Lemoine, plusieurs fois cité déjà; Letort de Lorville, qui avait offert ses talents l'année précédente à Desroziers, sur la recommandation de Lavoy, devenu directeur d'une entreprise d'engagements pour les artistes ; et Dubouloir, qui fut un temps associé de Lorville.

Les demoiselles Senas ou plutôt Cénac dont parle Gaillard étaient âgées de 18 et 17 ans, l'une jouant les ingénuités, l'autre les soubrettes, toutes deux élèves de Prévot : elles avaient été deux ans déjà dans la troupe de Chevillard à Rouen et se trouvaient à Lille avec leur mère (premières confidentes tragiques et caractères).

Le jeune Armand, fils d'un excellent comédien, fut placé à Lille par son frère, artiste et auteur apprécié, de la troupe de la Montancier, la directrice des spectacles de la cour qui joua sous la Révolution, sous le Directoire et le Consulat un rôle curieux. Armand aîné qui avait partagé deux ans avec Chambot l'emploi des premiers comiques dans la troupe de Lorville, « du temps du maréchal de Saxe », joua aussi à Amiens avec Desroziers. Quant à ce dernier, après avoir essayé sans succès d'engager pour un mois Fleury et sa femme, alors à Lille, il finit par attacher leur jeune fils à sa troupe. Il tenait et chantait les emplois accessoires ; et au besoin, il pouvait peindre les décorations.

En 1774 eut lieu une interruption de spectacles de plus de cinq semaines à l'occasion de la maladie et de la mort du roi.

Un document daté du 26 may (lettre du peintre Hennion à Desroziers) m'apprend que la troupe de Lille venait de donner à Tournay deux ou trois représentations avec peu de gain. « Les frais mangent tout. Néanmoins les comédiens y retourneront dimanche et lundi. Ils ont toujours l'abonnement de la garnison. » Les directeurs s'efforçaient, en effet, de diminuer les charges de leurs entreprises en produisant leurs troupes dans les villes voisines ; Douai fut la cité le plus fréquemment et régulièrement desservie par Lille de cette manière. Mais le transport des artistes et de leurs bagages que les engagements laissaient presque toujours au compte des directeurs, était des plus onéreux. L'abonnement des officiers de la garnison, ressource assurée d'ordinaire aux comédiens, se traitait à des conditions insuffisamment rémunératrices et, pour peu que le public ne mît pas d'empressement à se rendre aux spectacles, ces excursions ajoutaient au déficit au lieu de le combler.

Un de nos concitoyens, M. Léon Lefebvre, réunit depuis longtemps des notes relatives au théâtre de Lille : il a écrit sur ce sujet un travail encore inédit que la Société des Sciences et des Arts de

Lille a couronné en 1877 et dont la publication serait accueillie avec grande faveur. Parmi les documents qu'il possède se trouve une affiche d'avril 1774. Les acteurs, dont les noms ne figurent pas sur l'affiche, continuent à s'intituler : *Les Comédiens de son altesse Monseigneur le prince de Soubise*. Suivant l'usage ancien, le spectacle commence à cinq heures et se compose de deux pièces de genre différent : *Dupuis et Desronais*, comédie en trois actes et en vers de Collé, qui ne l'avait pas destinée au théâtre mais qui l'y donna avec réussite en 1763 ; et *le Huron*, comédie avec ariettes, en deux actes, musique de Grétry, représentée aux Italiens en 1768.

Entre les deux pièces, on annonce un pas de deux, anglais. J'ai en main une reproduction photographique de cette affiche, de petit format, au quart de sa grandeur. Elle est entourée d'un encadrement composé d'attributs musicaux, scientifiques et comiques. Un écusson aux armes de Soubise la surmonte à droite ; à gauche, les armes de Lille ; au milieu, celles de France.

A Raparlier qui en novembre 1776 dirigeait la scène douaisienne succède à Lille Papavoine qui, de même que son successeur Lemoine, ouvre largement l'accès de la scène aux spectacles forains. La troupe de saltimbanques des Italiens Mariani et Chiera, accompagnés d'une incomparable Hongroise ; Magnien et son épouse faisant 250 tours de force ; Roon, de Westphalie, géant de huit pieds ; Robbe et sa troupe d'enfants espagnols ; Nicolet avec des animaux rares ; Vangynkel, directeur d'un spectacle d'optique et de marionnettes ; Lecas, opticien distingué ; David, machiniste de Londres, exhibant un Microcosme ou monde en miniature ; Antoine et Pierre Caux, jumeaux de ressemblance parfaite, accompagnés de deux jumelles bien semblables entre elles ; Suche, mécanicien représentant le désert de Babylone, sillonné d'animaux automatiques ; des aveugles musiciens, des danseurs, des physiciens, des exhibitions d'ombres chinoises se succèdent presque sans interruption sur la scène où Voltaire avait produit *Mahomet*! Souvent cependant, les spectacles de ce genre, s'ils étaient complètement dénués d'intérêt, étaient renvoyés dans la salle de l'estaminet de *la Bassée*, sur la grand'place de Lille ; ou dans celle de *la Redoute*. C'est à la Redoute aussi et non au théâtre que Lemoine donnait ses concerts.

De 1778 à 1780, Letort de Lorville prend la direction, associé d'abord à Lemoine, puis à Dubouloir, et contraint finalement par l'insuccès de l'exploitation d'abandonner le privilège à ses comédiens. Paris nous donna, sous cette gestion, beaucoup de ses meilleurs artistes à applaudir : Vanhove, Monvelle, Fleury, Julien, Dugazon. Notre scène voit aussi se produire en 1779, à l'occasion des succès de la France en Amérique une comédie en deux actes, en prose, mêlée de chants, danses et vaudevilles, *Les Français à la Grenade*, composée, apprise et jouée à Lille et simultanément à Douai, en quatre jours. Collot d'Herbois, le futur membre du Comité de Salut public, en était l'auteur !

C'est le 20 septembre 1779, qu'eurent lieu ces représentations. La brochure, que j'ai rencontrée dans le legs Gentil-Descamps, fut imprimée à Douai. C'est le chef du Magistrat de cette ville, M. de Wawrechin qui signa le permis d'impression. Collot d'Herbois, avait de même signalé son passage comme comédien dans différentes villes par des productions théâtrales. Dans une lettre de Nantes, 1774, il était déjà question d'un engagement de d'Herbois, à Douai, par son ami Desroziers. Celui-ci, dans un projet de troupe pour 1775, fait figurer d'Herbois comme premier rôle aux appointements les plus élevés du tableau : 2,400 francs. C'est que le talent du comédien et de l'écrivain était connu et consacré déjà par le succès. Il a fallu la violence des colères soulevées par son rôle politique pour faire contester ces mérites au fameux révolutionnaire.

La comédie les *Français à la Grenade* n'est point de celles qui obtinrent quatre ou cinq éditions en peu d'années, comme la *Lucie* ou le *Paysan Magistrat* du même auteur. Impromptu composé sous l'impression patriotique des victoires des armes royales en Amérique, il se distingue par un enthousiasme monarchique exubérant, au milieu d'une action insipide et de danses militaires en l'honneur du roi. Les portraits de Louis XVI et de la reine ornent le frontispice de la brochure, et l'auteur dans un court avant-propos s'écrie, plein de lyrisme : « Quel Français bien né ne se sent disposé à faire pour son roi quelque chose de mieux que des pièces de théâtre. » Ajoutons enfin ce détail assez piquant que le cachet de Collot d'Herbois portait trois fleurs de lys, comme on le remarque sur ses lettres.

Après Lorville, le théâtre passe entre les mains de Fagès, ancien maître de musique, à Valenciennes, homme intelligent, actif, compositeur de quelque mérite, que l'on retrouve au début de la révolution à la tête d'un important magasin de musique à Paris. Fagès gère le théâtre avec honneur et non sans profit pendant près de cinq ans, comme le constate une attestation élogieuse du gouverneur de Lille, prince de Robecq. Les acteurs les plus renommés qui passèrent à Lille, sous la direction Fagès, sont mesdames Verteuil et Lescot ; les comédiens du roi Duquesnoy et Delarive ; mademoiselle Saint Huberty, l'admirable tragédienne lyrique, qui épousa le comte d'Entraigues et mourut assassinée avec lui en Angleterre, dans un crime mystérieux où la politique a peut-être eu part; Pave, première basse-taille ; Rousseau, première haute-contre de l'académie royale de Paris; puis le ballet de Sa Majesté, dirigé par Chaviny, et Renard, avec une troupe d'enfants comédiens.

Quant aux spectacles d'ordre inférieur, on ne les compte plus. C'est un défilé de dompteurs, physiciens, danseurs, hercules. Toute fête devient une occasion de bals au théâtre. On cite parmi les plus brillants ceux qui furent donnés en juin 1783, trois nuits consécutives, pour fêter la présence en ville du prince de Condé et du duc de Bourbon. Le nombre des concerts fut aussi très considérable tant à *la Redoute*, que dans la salle des spectacles : Tassoni, de l'Académie royale ; le compositeur Esser, Polack, Schiller, André Moriji et autres notabilités musicales de l'époque charmèrent tour à tour nos dilettanti.

Fagès, comme l'un de ses précédesseurs, tenta d'obtenir l'autorisation de donner, moyennant indemnités municipales, des comédies *gratis* en certaines circonstances solennelles ; en novembre 1781, par exemple à l'occasion de la naissance du Dauphin.

La scène lilloise ne suffisait pas à toute cette activité : Il y joignit le privilège de Douai, obtenu déjà en octobre 1780, par Léon Guillaume Natté, associé de la direction de Lille. Apprenant que le comédien Desforge renonçait au privilège que Douai lui avait concédé, Natté avait consulté ses camarades. Il les trouva tout disposés à utiliser chaque semaine deux jours de congé pour donner représentations à Douai, et il en obtint l'autorisation jusqu'au dimanche des Rameaux 1781 ; il débuta le jour même par *Adelaïde du Guesclin* et les *Fausses infidélités* ; le lendemain on donna *Hypermnestre* et *Pygmalion*.

Ce fut après lui que Fagès sollicita et obtint du prince de Robecq, l'année suivante, le privilège des spectacles de Douai, tout en conservant celui de Lille. Il fut remplacé à Douai par un comédien dont le nom ne devint pas moins célèbre que celui de Collet d'Herbois dans les fastes révolutionnaires : par Fabre d'Eglantine.

Peut-être ne jugera-t-on pas superflu quelques indications sur les pièces du répertoire lillois que nous avons citées dans les pages précédentes. La comédie en un acte et envers, de M. Barthe, les *Fausses infidélités*, resta en vogue de 1768 à la révolution, grâce à son dialogue vif et saillant, à son esprit sans prétention, et à l'intérêt du sujet qui s'inspire d'ailleurs de Shakespare. L'autre pièce où se signala Fleury, *Les deux amis* ou le *Négociant de Lyon* est le drame en prose de Caron de Beaumarchais, donné en 1770 au théâtre français. Nous rencontrons dans la *Servante Maîtresse* un ingénieux procédé qui acclimata en France la musique italienne, à laquelle le goût public commençait à s'habituer timidement et sans oser encore rompre avec les préjugés classique et national. Beaurans, pour faire applaudir la *Serva padrona* de Pergolèze, s'avisa de traduire le poème et d'appliquer à des paroles françaises les principaux airs du chef-d'œuvre. La pièce fut dédiée à Madame Favart et acclamée dans une longue série de représentations.

Hypermnestre, tragédie de Lemierre, parut en 1758 ; *Pygmalion* acte d'opéra de la Motte et La Barre, faisait partie de l'opéra du *Triomphe des arts* dont la partition déplut au public. Rameau écrivit sur le poëme une musique presque entièrement nouvelle, et c'est sous cette forme que la pièce était jouée par nos artistes.

Enfin, reconnaissons dans *Adelaïde du Guesclin*, la tragédie de Voltaire (1734), qui fut aussi donnée sous le titre *Le Duc de Foix*. « Es-tu content, Coucy ? » demande un personnage de la pièce. « Couci-couci ! » répondit le parterre. Ce qui n'empêchait pas cette tragédie de figurer encore au répertoire en 1780.

Papavoine, devenu sous Fagés, simple régisseur, reçut de nouveau l'entreprise des spectacles en mars 1785, par ordonnance du prince de Robecq. La construction d'une nouvelle salle de spectacles, notre théâtre actuel, venait d'être définitivement arrêtée par le Conseil d'État en dépit des résistances des propriétaires de la Comédie et du Magistrat lui-même. Papavoine et ensuite la femme Denarelle, qui inaugura en 1787 le nouveau théâtre, suivirent l'impulsion donnée par Fagès et prodiguèrent les concerts, les bals, les représentations de baladins. De loin en loin pour les semaines de clôture notamment, survenaient quelques artistes en vogue de la capitale: Saint-Phal, Naudet, Grammont-Roselly, qui devint général et périt sur l'échafaud, Mlle Thénard, de la comédie du roi; Nachu et Mlle Desbrosses, du théâtre italien, qui reçut des ovasions enthousiastes.

La troupe ordinaire de Lille offrait d'ailleurs des ressources suffisantes aux exigences d'un répertoire important. On en jugera par le tableau de sa composition pour l'année 1786-87.

TROUPE DES SPECTACLES
pour 1786.
(DIRECTION PAPAVOINE).

Hommes.

COMÉDIE. ... Premiers rôles	MM. Devillepré.
Idem et jeunes premiers	Chevalier l'aîné.
Jeunes premiers et seconds	Simonet.
Troisièmes amoureux	Manceau.
Idem	Florival.
Financiers, paysans, grimes	Résicourt.
Pères nobles, rois, grands raisonneurs	St-Preux.
Idem; et des financiers	Damivale.
1ers comiques	Chevalier cadet.
2e comiques, Marquis ridicules	Henri.
3e rôles, raisonneurs, grands confidents	Dupart.
Des pères nobles et financiers	Goyer.
Accessoires	Baland, Fourreau.
Souffleur	Dorval.

Femmes.

1ers rôles tragiques et comiques grandes coquettes	Mmes Martin.
Jeunes premières et seconds rôles.	Chevalier.
Des jeunes premières	Manceau.
Des deuxièmes amoureuses	Dorgeval.
Les 1res soubrettes	Richard.
Les jeunes soubrettes	Castel.
Des 1ers rôles, coquette, confidente, soubrette au besoin	Gourville.
Secondes soubrettes, grandes utilités	Baland.
Mêmes rôles, caractères, confidentes	Papavoine.
Seconds caractères	Lefebvre.
Les enfants	La petite Alexandre.

Hommes.

OPÉRA	1res basses tailles...............	MM. Résicourt.
	Idem et fortes secondes............	Durand.
	Secondes basses tailles	Savourel, Belmont, Lacroix.
	1re Haute-Contre.................	Dequers.
	1re et 2es Hautes-Contre..........	Manceau.
	2es Hautes-Contre, des premières.	Florival, Saint-Réal.
	Laruette........................	Goyer.
	Trials..........................	Dupart.
	Accessoires.....................	Henri.

Femmes.

	1res Amoureuses.................	Mmes Dumoulin.
	Idem et les Dugazon.............	Castel.
	Secondes, des premières.........	Chevalier, Dorgeval.
	Secondes et les Betzi...........	Manceau.
	Duègnes, mères nobles	Richard.
	Idem, en second.................	Gourville.
	2es Duègnes.....................	Baland.

En plus 7 hommes et 5 femmes dans les chœurs.

ORCHESTRE.. L'orchestre, dirigé par Fagès, maître de musique, avec M. Chevalier cadet, pour second maître, comprend cinq 1ers violons, cinq 2es violons, deux altos, trois flûtes et hautbois, deux clarinettes, quatre violoncelles, deux bassons, deux cors, un trompette, un joueur de timbales et deux contre-basses.

BALLET...... Le ballet comprend, avec M. Baland, maître de ballets et M. Dubois, répétiteur, deux premières danseuses, une seconde, cinq figurants et cinq figurantes.

En somme, la troupe de 1786 comptait pour la comédie, vingt-cinq artistes; pour l'opéra, vingt; pour les chœurs, douze; pour le ballet, quatorze; pour l'orchestre, trente-un. C'est un tableau bien rempli.

TROUPE DES SPECTACLES
POUR 1787.

Il résulte du tableau de la troupe de 1787, publié dans l'almanach du commerce et des arts, qu'après Papavoine, le privilége des spectacles fut accordé à Fagès. Celui-ci cède la direction à la veuve Denarelle, dont Papavoine devient le régisseur. Le ballet, l'orchestre n'ont guère subi de modifications, depuis l'année précédente. Dans la comédie, Florival, St-Preux, Damivale, Henri, madame Richard, sont remplacés par MM. St-Réal, Garnier, Durfort, Bonneval (avec un s^r Rosemond en doublure) et madame Verdelet.

Quant à l'Opéra, voici sa composition :

Hommes.

Opéra..	1res Basses-Tailles...............	MM. Résicourt.
	Idem fortes secondes	Rosemond, Bonneval, Lacroix.
	1res Hautes-Contres.............	Gaudillon.
	1res et 2es Hautes-Contres	Manceau.
	Secondes, des 1res.............	St-Réal.
	Laruette......................	Goyer.
	Trials	Dupart.

Cinq Choristes.

Femmes.

1res Amoureuses.....	Mmes Verdelet.
1res Amoureuses et Dugazon......	Castel.
2es, et des 1ers	Chevalier.
2es et Betzi.	Manceau.
1res Duègnes et mères nobles.....	Richard.
1res » et secondes.........	Gourville
2es Duègnes....................	Baland.

Cinq Choristes.

On voit par ces divers états de troupes qu'après des alternatives de prospérité et de revers, le théâtre de Lille, l'un des premiers de la province qui eurent un opéra permanent, avait pris une situation importante, au moment où allait éclater la révolution.

La tâche que j'avais entreprise se borne ici : Il ne me reste, après avoir remercié les lecteurs, qui m'ont accompagné jusqu'au terme de cette étude, qu'à réunir dans un appendice les renseignements qui se dégagent de cette relation sur les us et coutumes d'un théâtre de province, au XVIIIe siècle.

GUSTAVE LHOTTE.

APPENDICE

LES COUTUMES THÉATRALES AU XVIIIe SIÈCLE

A LILLE.

COUTUMES THÉATRALES.

LE PRIVILÈGE.

Au gouverneur de la province appartenait le droit de concéder le privilège des spectacles. Le privilège était confirmé par le Magistrat.

Le ministre de la guerre, M. de Ségur, qui, en 1782, s'occupa très activement de la réglementation des questions théâtrales en province, établit cette règle. Elle était suivie à Lille depuis l'établissement des spectacles réguliers. Dès 1703, le comédien Clavel demande au Magistrat la confirmation du privilége que le gouverneur lui a accordé. De même, en 1712, le comédien Dolet.

Le privilège fut souvent subordonné à certaines obligations pécuniaires qui ne sont sans analogie avec le droit des pauvres. En 1708, la veuve Fondpré, directrice, se vit taxer à 100 florins au profit de l'hospice des invalides ; en 1712, Dolet à dix florins par mois ; en 1720, Boon devait promettre aux administrateurs de l'hospice une représentation, le jour qu'ils lui désigneraient, etc.

Sans doute par suite des difficultés de l'exploitation et des vacances prolongées de notre scène, nous voyons s'affaiblir peu à peu la force de cet usage. On en retrouve trace cependant pour les représentations extraordinaires quand les directeurs étaient autorisés à augmenter les prix des places.

Le privilège des spectacles s'accordait du lundi de la Quasimodo à celui de la Passion : soit de Pâques à Pâques. C'est dans ces termes que l'autorisation était donnée en 1707, à la veuve Fondpré. Il en était encore de même en 1787, lors de l'ouverture du théâtre actuel de Lille, le 16 avril, lundi de la Quasimodo. Cet usage s'étendait à toute la France.

LES ENGAGEMENTS.

Les engagements des artistes se faisaient aussi de la Quasimodo au lundi des Rameaux. C'est la période désignée dans leurs traités comme « année de comédie. » Les engagements se contractaient pendant l'été. Ils stipulaient presque toujours une avance de fonds pendant le carême, de manière à venir en aide à l'artiste sans occupation, et à lui permettre de rejoindre la troupe au lieu de début. Cette avance était comblée par retenues mensuelles sur les appointements.

La question des déplacements avait son importance pécuniaire à une époque où la même direction desservait plusieurs villes. Les engagements portaient d'ordinaire à la charge du directeur le transport de l'artiste et de ses bagages, par voitures royales. Pour les emplois secondaires, utilités, musiciens, etc., on stipulait plus généralement une indemnité en argent, proportionnelle à la longueur du trajet.

Les traités conclus entre artistes et directeurs reposent sur des bases à peu près constantes. Desroziers, qui forma sa première troupe à Lille, employait des imprimés spéciaux où les chiffres d'appointements, les dates, l'attribution des rôles, les noms restaient seuls en blanc. Au besoin, il ajoutait en marge quelques lignes manuscrites. Les engagements envoyés à la signature des artistes par la direction devaient être retournés par eux « dans l'intervalle de poste, » c'est-à-dire courrier par courrier. Le directeur se trouvait dégagé si, ne recevant pas en temps utile la convention établie d'un commun accord, il assurait le recrutement de sa troupe en s'abouchant avec un autre acteur.

L'un des engagements les plus complets que nous ayons eus sous les yeux est celui du comédien Dufossé, de Gand, avec Desroziers.
En voici le texte :

Nous soussignés sommes convenus et convenons de ce qui suit; savoir : que moi ARMAND DESROZIERS, Entrepreneur de Spectacle, je reconnais avoir engagé, pour passer une année entiere dans ma Troupe, le Sr Dufossé de présent à Gand, Comédien de profession, pour jouer en chef l'employ des financiers, paysans, rôles à manteaux et grimes, les troisièmes rôles dans le tragique, les Esopes et des laruettes au besoin dans l'opéra, aux appointements de deux milles livres argent courant pour son année de comédie que je lui paierai, de mois en mois, par portions égales. Je m'engage de voiturer le sieur Dufossé et ses effets par voitures royales, ou d'autres, au défaut, le plus convenable; et le Sieur Dufossé s'engage bien formellement aux clauses suivantes; savoir : de ne point exiger en aucuns cas le mois courant d'appointements, à moins qu'il ne soit tout-à-fait expiré, quand bien même la Troupe seroit prêt à quitter une Ville pour en joindre une autre; et, au cas de difficulté d'être prêt à partir au départ de la Troupe, le Sieur DESROZIERS saisira les malles et tout ce qui appartiendra audit Sieur Dufossé; de suivre la troupe généralement partout où elle ira, en tout ou en partie; de se fournir les Habits nécessaires, convenables et afférents aux Rôles dont il sera chargé; de jouer les Pieces du Théâtre Italien comme celles du Théâtre Français, et généralement toutes les Pièces de Théâtre quelconques, sans aucune difficulté, ni de mémoire, ni de mauvaise volonté; de ne point s'opposer aux distributions des Pieces et de prendre les Rôles que lui distribuera le Directeur, toutefois cependant qu'ils seront analogues à ses emplois; enfin, de prêter généralement ses talents au bien de l'entreprise; d'être exact aux Répertoires, Répétitions, et prêt à cinq heures précises pour commencer le Spectacle; de se soumettre aux amendes que jugera à propos de mettre le Sieur DESROZIERS pour le bon ordre de sa troupe. Le présent Engagement commencera, ainsi que les appointements, le Lundi de la *Quasimodo* de l'année mil sept cent soixante-quatorze, moyennant présence de l'Acteur, et ne pourra finir que le Samedi veille des *Rameaux* de l'année suivante mil sept cent soixante-quinze. Voulons que le présent Engagement, quoique sous seing privé, ait autant de force et de valeur que passé pardevant Notaires, à peine de tous dépens, dommages et intérês contre le premier contrevenant, aux clauses dudit Engagement. Fait double entre nous par intervale de poste, le cinquieme mars de l'année présente mil sept cent soixante-quatorze. Je m'engage de plus à rembourser le voyage de jonction au Sieur Dufossé et de le faire jouir des mêmes prérogatives que les autres pensionnaires.

DUFOSSÉ.

P. S. — Je m'oblige de plus de faire une avance de trois cent livres dans le courant de Carême au Sieur Dufossé qui seront retenus sur ses appointements par portion égale.

DESROZIERS.

L'engagement du comédien lillois Belroche avec Desroziers présente une particularité assez piquante. Il porte un appointement fictif de 3000 livres quand les honoraires de cet acteur ne dépassent pas 2,400 fr. Par un procédé très commun de nos jours, l'artiste rehaussait ainsi sa valeur en vue des engagements futurs ; et l'impressario y trouvait un moyen de jeter de la poudre aux yeux du bon public. Pour régulariser la convention, Belroche reçut 200 livres d'avance et donna reçu de 800.

Quant aux acteurs fameux, aux célébrités parisiennes, c'était pendant les derniers jours de la saison théâtrale qu'on les appelait de préférence sur les scènes de province. Il n'est guère d'exemple de semaines de clôture sans représentations extraordinaires, pour lesquelles l'autorisation d'augmenter le prix des places s'accordait en raison de la notoriété des artistes de passage.

REPRÉSENTATIONS. — RELACHES. — RÈGLEMENTS.

Pendant longtemps le nombre des représentations resta fixé à Lille à trois par semaine : le mardi, le jeudi et le dimanche.

Le spectacle commençait vers cinq heures. En 1767 encore, (on le verra, par le règlement reproduit ci-contre), le machiniste qui n'avait pas fait lever le rideau à cinq heures et quart, sonnant à la pendule du foyer, se voyait frappé d'une amende d'une livre.

L'une des rares affiches qui nous soient conservées du siècle dernier annonce pour 5 heures l'ouverture du spectacle le 12 avril 1774.

L'activité du directeur Raparlier accrut beaucoup le nombre des jours de spectacles. Les actionnaires propriétaires de la salle en 1776, se plaignaient avec amertume de l'usure de leur immeuble, « le sieur Raparlier au lieu de faire comme anciennement trois représentations par semaine ayant trouvé moyen de faire représentation tous les jours ou peu s'en faut. »

La multiplicité des spectacles étrangers à l'art dramatique qui trouvèrent accès sur notre scène ne permit pas de revenir à l'ancien usage. En 1786, le privilège des spectacles accordé par le gouverneur, prince de Robecq, à la dame Denarelle, lui imposait au contraire un minimum de quatre représentations à la semaine.

Les deuils qui atteignaient la famille royale entraînaient la suspension des spectacles pour une période assez longue quand la mort en frappait les membres les plus éminents. La mort de la reine en 1768 ferme le théâtre du 27 juin au 21 juillet. En 1774, la maladie et le décès du roi amènent une clôture de six semaines.

Les tableaux de troupes, que nous avons fait connaître, démontrent l'importance de la scène lilloise, et la quantité d'artistes qu'exigeaient ses besoins, pour les divers genres de spectacles. A ce personnel s'appliquait un règlement intérieur établi avec sévérité en 1767 par le gouverneur de Lille, prince de Soubise. J'en résume les dispositions principales :

Police intérieure des spectacles.

1. — Il sera donné une liste des sujets au portier des répétitions. Il pointera tous ceux qui laisseront passer le quart-d'heure indiqué, et remettra la liste au directeur. S'il oublie de pointer, il paiera, pour la première fois, l'amende du délinquant. Il sera renvoyé à la deuxième.

2. — L'amende de ces sujets sera de trois livres. Elle sera de douze livres, s'ils manquent à la répétition tout entière.

3. — A tout sujet, non prêt au lever du rideau, six livres d'amende.

4. — A tout sujet qui manquera son entrée, à la répétition, six livres d'amende.

5. — Au maître de ballet en retard, six livres d'amende.

6. — Au danseur ou figurant non habillé ou manquant l'entrée, six livres d'amende.

7. — A tout sujet qui, ayant eu le temps d'apprendre son rôle, fera manquer une pièce, quarante-huit livres d'amende.

8. — A ceux qui viendront aux répétitions, le livre en mains, si ce n'est aux premières lectures indiquées, six livres d'amende.

9. — Au souffleur en retard, six livres d'amende.

10. — Toute maladie devra être attestée par un médecin.

11. — A tout musicien, en retard, au premier coup d'archet, une livre d'amende; une livre en plus au commencement de chaque acte durant son absence.

12. — A tout symphoniste en retard aux répétitions, trente sols d'amende ; trois livres si c'est le chef de musique.

13. — Au machiniste oubliant de sonner les trois coups de cloche ou de faire lever le rideau à cinq heures un quart, sonnant à la pendule du foyer, six livres.

14. — Au garçon de théâtre qui manque à son poste : la première fois, une journée d'amende ; la seconde, renvoi.

15. — Au garçon de théâtre, s'il sort pendant les répétitions : la première fois, une journée d'amende ; la seconde, renvoi.

16. — A tous les possesseurs de postes qui n'y seront pas rendus avant quatre heures, amende de la valeur d'une journée la première fois, renvoi la seconde.

17. — Enfin, défense à tous d'amener des étrangers aux répétitions.

PRIX DES PLACES. — TIERCEMENT.

En 1720, Boon qui prit possession du Théâtre de Lille avec des artistes d'un mérite médiocre obtint l'adhésion du Magistrat pour le tarif suivant :

Balcons et théâtre trente-deux patars (le patard vaut cinq liards ou un sol et quart) ; 1res loges vingt patars, amphithéâtre seize patars, 2e loges douze patars, parterre huit patars (je ne crois pas avoir à rappeler ici les détails de la disposition intérieure de la salle, donnés dans un chapitre spécial de cette étude).

L'année suivante, la demoiselle Fondpré dont la troupe était plus estimée, fixait ainsi ses prix :

Balcons, quarante patars ; places de théâtre, trente patars ; 1res loges, vingt-quatre patars ; amphithéâtre, vingt patars ; 2es loges, seize patars ; parterre, douze patars.

Enfin, en février 1722 en raison de l'importance de son personnel lyrique, Louise Dimanche était autorisée à percevoir comme prix d'entrée :

Balcons, trois florins ; 1res loges quarante patars ; amphithéâtre trente-deux patars ; 2es loges vingt-quatre patars ; parterre, seize patars.

Dans ces trois séries, la seconde peut être considérée comme celle qui nous donne la moyenne la plus rapprochée des prix habituels. De nombreuses requêtes datées surtout des dernières semaines des années théâtrales prouvent que l'augmentation tolérée par le Magistrat pour les représentations des meilleurs artistes de la capitale ne dépassait pas le tiercement des places. Il y a de même une différence d'un tiers entre les prix de places autorisés pour la demoiselle Fondpré et ceux de la directrice Louise Dimanche.

En 1767, le Maréchal de Soubise, d'accord avec le Magistrat, fit paraître un règlement qui interdisait toute entrée gratuite et taxait :

Balcons et parquets trois livres ; 1res loges et amphithéâtre quarante sols ; 2° loges trente sols ; 3e loges vingt sols; parterre, quinze sols. Le parterre, on le voit, avait échappé à l'augmentation générale des prix d'entrée. Nous le retrouvons à douze patars comme en 1722. Souvent même le tiercement autorisé par les autres places souffrait exception pour le parterre. Il est vrai que la création des places de parquet, depuis que celles de théâtre étaient supprimées, avoit rendu le parterre moins commode et moins agréable pour les spectateurs.

Le Magistrat était seul juge de l'opportunité de ces tiercements. Le gouverneur, M. de Ségur, après avoir consulté le Ministre de la guerre, se réserva plus tard le droit d'autoriser « les abonnements suspendus. » Le corps d'officiers de la garnison qui, à Lille comme dans toutes les villes de spectacles, offrait, par un abonnement en bloc, mais à prix réduits, une ressource précieuse aux directeurs, pouvait, en effet, se trouver lésé par des suspensions trop répétées, tandis que les tiercements ne l'atteignaient pas. De là l'intervention du marquis de Ségur pour la première de ces mesures.

Quant aux abonnements ordinaires, ils s'élevaient mensuellement à 18 livres pour les hommes, à 12 livres pour les dames. L'entrée était interdite aux gens de livrée, même en payant, par le règlement de 1767, qui isola le parterre et les troisièmes loges, des parquets et des premières, en exigeant deux entrées différentes et absence de communication entre ces places. L'exclusion des gens de livrée était générale en France.

L'affiche de 1774 dont il a été fait mention, donne à son tour un tarif des entrées, conforme à celui de 1767 : Parquets, balcons et loges grillées 3 livres ; aux premières loges 2 francs ; secondes loges et troisièmes grillées, 1 livre 10 sols ; troisièmes loges 1 livre ; parterre 15 sols, paradis 10 sols.

Ce tarif ne subit guère de modifications jusqu'à l'ouverture de la salle nouvelle.

POLICE. — JURIDICTION. — LA COMÉDIE FRANÇAISE
ET LES SCÈNES DE PROVINCE.

En réponse à une demande du corps municipal de Besançon, le Magistrat de Lille résumait ainsi en 1782 ses droits de police et ceux de l'état-major dans la salle des spectacles :

« Nous avons *toujours* exercé la police intérieure de la salle.
» Les officiers d'état-major ont l'attention d'envoyer un poste de
» garnison pour assurer l'exécution des règlements. Si un militaire
» trouble l'ordre, il est emmené par les soldats et justiciable de
» l'autorité militaire ; si c'est un particulier, il est remis aux sergents
» et nous revient en jugement.
» Dès 1709, des résolutions prouvent que les troupes de comédiens
» ne peuvent ouvrir le théâtre sans solliciter notre autorisation ; dès
» 1712, que nous avons toujours fixé le prix des places.
» Nous ne nous croyons pas fondés à exiger le répertoire des
» pièces à représenter, laissant au ministère public le soin des pour-
» suites si l'on joue une pièce prescrite ou de nature à exciter un
» murmure général. Par extension, le ministère public pourrait
» s'élever contre des acteurs dont la conduite serait scandaleuse. »

On verra à la même année, le ministre de la guerre, régler d'une manière différente les conditions de représentation des pièces.

Les comédiens étaient placés sous la juridiction du Magistrat qui dut, à ce sujet, défendre plus d'une fois ses droits contre l'État-Major. En 1766, par exemple, le mayeur se rendit chez le gouverneur et lui fit désavouer un aide-major qui s'était interposé dans un démêlé judiciaire entre le directeur du théâtre et quelques artistes.

Le commandant de place toutefois pouvait infliger aux comédiens comme aux autres citoyens vingt-quatre heures de prison. Cette latitude suffisait pour donner naissance aux abus. En 1774, l'actif et sympathique directeur Raparlier qui avait eu le malheur de déplaire aux autorités militaires, se vit conduire en un seul mois trois fois en prison, pour un jour, sans débats, sans qu'on voulut prendre la peine de lui alléguer un prétexte. Il dut faire appel au Magistrat, en se réclamant de son titre de bourgeois de Lille, pour qu'il s'opposât à cette manière ingénieuse de prolonger à volonté un emprisonnement dont la durée devait être extrêmement limitée.

Il y eut aussi des conflits de juridiction entre les juges consulaires, établis par le roi, et le Magistrat, touchant les causes relatives aux appointements et recettes des comédiens. En 1723, les juges et consuls ayant condamné Louis Lacoste à rendre compte du produit de l'opéra pendant l'année 1719 à son ancien associé Joseph Garnier, le premier s'opposa à cette décision. L'appel fut porté en 1726 devant le Parlement de Flandre. Lacoste nia la compétence des juges pour cette cause qui n'était pas commerciale. Le Magistrat soutint ses prétentions : Le résultat du procès lui fut contraire. L'arrêt du Parlement déclara que la cause appartenait aux juges et consuls. Mais le Magistrat empiéta peu à peu sur ce terrain, s'empara de la juridiction contestée, fit reconnaître par le gouverneur, en 1766, le fait accompli, et dès lors le défendit avec énergie. Le prince de Soubise en 1778 reconnut de nouveau la juridiction du Magistrat sur ces causes, après une nouvelle contestation.

Le Magistrat se trouva en conflit, ou du moins en difficulté sérieuse, avec l'autorité militaire, en 1767, à la suite d'un incident curieux. L'hostilité qu'on remarque aujourd'hui, dans beaucoup de nos théâtres, entre la masse du public disposée à l'indulgence, et les abonnés plus difficiles à satisfaire, se manifestait alors entre la bourgeoisie du parterre et le corps d'officiers, qui prétendait faire la loi au spectacle. Le dimanche 17 mai, les officiers très nombreux à la représentation avaient pris plaisir à railler, puis à insulter les bourgeois. Excités sans doute par quelques ripostes, ils s'étaient ensuite jetés sur eux, les avaient maltraités gravement, frappés, et enfin chassés du parterre.

Le Magistrat témoigna le plus vif courroux de l'insulte faite aux habitants. L'état-major de son côté comprit la fâcheuse situation dans laquelle s'étaient mis les officiers; et dès le lendemain le commandant de place, M. de Sarsfield, accourut à la séance de la Loy avec M. de la Merville, lieutenant du roi, pour exprimer ses profonds regrets des violences commises la veille, et pour annoncer qu'un grand nombre d'officiers venaient d'être mis en prison.

Le vicomte de Sarsfield et le Rewart allèrent ensemble visiter les bourgeois maltraités. Le Magistrat nomma deux commissions pour ouvrir une enquête dont il prit la résolution d'envoyer le procès-verbal détaillé au prince de Choiseul. Mais sur les supplications du commandant de place, sur l'offre de laisser punir par le Magistrat tout officier dont la peine serait trouvée trop légère, nos échevins consentirent à n'envoyer au prince qu'une note sommaire sur la bagarre, qui n'eut pas de conséquences trop rigoureuses.

Les règlements de police théâtrale variaient quelquefois d'une ville à l'autre, dans notre contrée. Le prince de Robecq contribua à les rendre uniformes en provoquant sur tous les points contestés les décisions du marquis de Ségur, ministre de la guerre. C'est à propos du théâtre de la ville de Cambrai que le ministre fit connaître son appréciation sur chacun des articles habituels des règlements de la province. Nous avons retrouvé dans les archives douaisiennes une copie de la jurisprudence établie en Flandre, par le marquis de Ségur. Chaque article du projet du prince de Robecq, porte en marge des décisions qui l'approuvent ou le modifient.

Voici quelles propositions avaient été faites aux députés du Magistrat de Cambray pour prévenir toutes difficultés relativement à la police civile et militaire des troupes de comédiens auxquelles le commandant de la province donnerait le privilège.

Règlement de police théâtrale.

1° La police appartiendra au magistrat sur tout ce qui touche à la Comédie, comme sur tous autres habitants de la ville, à l'intérieur et à l'extérieur de leurs maisons ; mais il ne pourra aller jusqu'à s'immiscer dans les affaires particulières des directeurs, ni faire rendre compte des recettes journalières, et le mettre en une sorte de curatelle à moins que des créanciers portent plainte contre eux. Dans ce cas, usant de la même autorité que sur les habitants, il pourrait saisir les abonnements, appointements et recettes de la porte.

Décision du ministre : Il n'a pas le droit de disposer de la caisse et de la recette journalière. Ni édits ni règlements ne l'autorisent.

2° Le premier de chaque mois, le directeur sera obligé de présenter le répertoire des pièces à jouer dans le mois au chef du Magistrat et au commandant de place.

Décision du ministre : Les pièces jouées à Paris ou à la cour peuvent être jouées sans difficulté, dans les villes de province. Au magistrat seul il appartient de décider si des pièces nouvelles peuvent être admises sans inconvénient. Le magistrat se fera donner lecture des pièces nouvelles. S'il y trouve quelque chose contre les mœurs, la décence ou des personnalités, il requerrait le commandant de place d'en défendre la représentation.

3° Tout ce qui troublera l'ordre public dans l'intérieur de la salle est soumis à la police du magistrat qui y enverra des sergents de ville ou autres employés, lesquels auront le droit d'aller dans toutes les parties de la salle, sans exception, pour y maintenir le bon ordre et arrêter ceux qui y manqueraient. La garde militaire leur accordera main-forte à première réquisition. Ils entreront au théâtre gratis quand ils seront revêtus des marques distinctives de leur état. Ils n'auront rien à exiger des comédiens, étant payés des magistrats.

Décision du ministre : Approuvé.

4° Si la garde militaire arrêtait ainsi un bourgeois, il serait remis de suite ou du moins le plus tôt possible à la disposition du magistrat.

Décision du ministre : Approuvé.

5° Si quelque personne de considération demandait une pièce du répertoire général admis, autre que celle annoncée ou inscrite à son rang sur le répertoire, ce changement ne pourrait se faire qu'avec la permission du commandant de la place, qui a seul le droit aussi de permettre ou de défendre les abonnements suspendus.

Décision du ministre : Les officiers formant la majeure partie des abonnements dans les villes de garnison, le commandant de la place peut en permettre la suspension quand les besoins des comédiens l'exigent. Mais le directeur qui l'a obtenue doit informer les officiers municipaux et leur demander (pour la forme) aussi leur consentement. Bien entendu qu'ils ne pourront le refuser. Mais il n'appartient qu'aux officiers municipaux de permettre le changement des pièces annoncées.

6° Le prix des places sera fixé par le directeur au taux le plus modéré et ne pourra dépasser en aucun cas ceux de Lille et de Valenciennes. Dans les cas extraordinaires où il est d'usage de tiercer, il faudra la permission du magistrat et du commandant de place,

Décision du ministre : Il doit y avoir un taux fixé et déterminé suivant l'usage dans toutes les villes où il y a des spectacles. Il ne faut pas permettre que les directeurs exigent plus que leurs prédécesseurs de la même ville.

7° Les comédiens manquant aux devoirs de leur état seront punis par l'autorité du commandant de place qui pourra même les faire mettre en prison. Les punitions pécuniaires et retenues résultant de leurs engagements avec leurs directeurs, tout ce qui sera affaire de contentieux ou d'intérêt dépendra du magistrat.

Décision du ministre : Le commandant de place ne doit avoir aucune inspection sur les comédiens. Il ne peut faire emprisonner aucun particulier, de quelque état qu'il soit, que pour délit intéressant le service du Roi ou la sûreté de la place, faisant du désordre. Et, dans ce cas, il doit le faire remettre, le plus tôt possible, aux officiers de police ou aux juges ordinaires.

8° La loge connue sous le nom de la loge du Roy sera réservée pour le gouverneur ou ses représentants. Le commandant de la place pourra faire réserver le premier banc derrière l'orchestre, en totalité ou en partie, pour les officiers supérieurs.

Décision du ministre : Approuvé.

9° La loge vis-à-vis, appelée loge de la Reine, sera réservée pour l'Intendant de la province lorsqu'il y sera. Toutes les autres places seront données à ceux qui se présenteront les premiers. Il sera permis pourtant au directeur de louer des loges entières et d'avance, dans le cas de foule. On ne pourra établir de bancs sur le Théâtre qu'après permission du commandant de place qui aura sur les comédiens la même autorité que celle de MM. les gentilshommes de la Chambre sur ceux de la capitale.

Décision du ministre : Approuvé en ce qui concerne la location des loges, en cas de foule, et les bancs sur le théâtre.

10° Aucun militaire ou bourgeois, autre que les préposés à la police, ne pourra entrer à la répétition, ni monter sur le théâtre, ou dans les coulisses, pendant les représentations.

Décision du ministre : Approuvé.

11° Personne ne pourra, sous prétexte des privilèges de sa charge, se réserver des loges ou des places particulières sans les payer.

Décision du ministre : Approuvé.

Le document porte les signatures du ministre de Ségur, et de Montmorency, prince de Robecq, commandant en chef de Flandre et de Hainaut. Il est daté de décembre 1782.

Le mois précédent déjà, les échevins avaient publié la décision du Ministre de la guerre, portant que le droit d'accorder des privilèges aux troupes de comédiens appartenait aux gouverneurs de provinces. M. de Ségur, on le voit, avait résolu de réglementer toutes les questions théâtrales.

On ne saurait traiter de la juridiction des théâtres sans mentionner le rôle important de la Comédie française vis à vis des scènes de province. M. Bonassies l'a examiné dans ses études sur les Comédiens de province et sur leurs rapports avec les Comédiens de Paris : « Les comédiens français, dans leurs registres de la fin du XVIII° siècle, disent toujours que le droit qu'ils ont de juger les contestations qui s'élèvent entre les directeurs et les comédiens de province, a été établi par l'arrêt du Conseil de 1757. Il y a là une double inexactitude. D'abord l'origine de ce droit ne remonte point, en tous cas, à l'arrêt même, qui n'en dit mot, mais au règlement que firent, en exécution de l'arrêt, les premiers gentilshommes de la Chambre, le 23 décembre de cette année. Mais il y a plus : cette fonction, qui constituait un devoir plutôt qu'un droit, ils l'exerçaient auparavant. Nous en voyons la trace dans le règlement intérieur fait, le 26 octobre 1729, par la Comédie assemblée, qui, distribuant le travail administratif à quatre classes d'acteurs, charge la quatrième des « affaires des comédiens de province et leur faire réponse. » A la vérité, l'on ne peut guère conclure des termes de ce document qu'à une simple coutume adoptée par la Comédie, de résoudre les difficultés qu'on lui propose, car les deux seuls réglements antérieurs donnés par la Supériorité, en 1712 et en 1719, ne contiennent rien à ce sujet. Le règlement de 1729 est aussi le premier de ceux dont la Comédie prit l'initiative dans lequel cette coutume — en supposant qu'il n'y faille, comme c'est notre opinion, voir que cela — soit mentionnée. Mais, pour n'avoir pas été écrite avant même 1729, elle n'en existait sans doute pas moins depuis longtemps chez les dignitaires de la rue des Mauvais-Garçons. Longtemps n'est peut-être pas le mot propre, car ne elle dut être provoquée par les troupes des provinces qu'au moment où le théâtre s'y constitua et y devint une institution permanente, ce qui n'eut lieu, dans les grandes villes, que vers la fin du règne de Louis XIV, et, dans les petites, qu'un peu plus tard.

Quoiqu'il en soit, le devoir que la Comédie française s'est imposé spontanément, en 1729, devient, dans le réglement des Gentilshommes de 1757, une obligation qui paraît formelle, si l'on considère les termes dans lesquels elle est édictée et l'autorité que prêtent aux décisions des rédacteurs leur haute situation sociale, leurs fonctions de supérieurs, non-seulement des Comédies française et italienne, mais jusqu'à un certain point, des spectacles de France, et de plus, leurs titres de Gouverneurs de provinces, toutes charges qui leur soumettent à plusieurs titres les théâtres de Lyon, de Bordeaux, de Marseille, de Lille, etc., aussi bien que ceux de Paris.

Donc, ce réglement (art. III); attribue au premier semainier le soin de rapporter les affaires des comédiens de province.

Celui que font les mêmes personnages, le 1ᵉʳ juillet 1766, et qui établit un Comité dit :

Art. II § 12º. Il se.a chargé de juger les contestations des directeurs et acteurs de provinces; il sera nommé un d'entre eux (des membres du Comité) pour les examiner et les rapporter; lesquels jugements, ainsi que les titres des procédures, seront mentionnés et transcrits sur un registre particulier et renfermé dans une des armoires de la salle d'assemblée, dont la clef sera remise ès-mains du plus ancien du Comité; lesquels n'auront cependant force et valeur qu'après avoir été par nous approuvés, d'après le compte qui nous en aura été rendu par les intendants des menus.

Le § 24 charge particulièrement la quatrième classe du comité des « Contestations de province. »

Le règlement du 1er avril 1768, interprétatif de quelques articles des deux précédents, confirme au Comité la même obligation.

En ce qui concerne le théâtre de Lille, nous trouvons trace d'une question adressée, en 1772, à la Comédie française par le directeur de notre scène, demandant quel dédommagement il peut exiger d'une de ses pensionnaires qui paraît devoir dans l'année doter le monde d'un nouveau citoyen. La Comédie établit la jurisprudence en ces termes : Pour les demoiselles on retient les appointements si elles sont hors d'état de paraître avec décence devant le public. Pour les femmes mariées, si le mariage a eu lieu pendant la durée de l'engagement, la grossesse est assimilée à une maladie, et les appointements sont dus à l'actrice.

BOURGEOISIE.

En 1757, Charles Grégoire de Longue Montmény, entrepreneur des spectacles et fils d'un bourgeois de Paris, après avoir acquis domicile à Lille, sollicita vainement du Magistrat son inscription sur le livre de la bourgeoisie. « Il a été reconnu que le suppliant était comédien et qu'il avait monté sur le théâtre » dit une note en marge de la requête que suit une apostille de refus. D'où l'on a déduit d'une manière absolue : Comédien ne peut être reçu à bourgeoisie.

La conclusion est trop formelle. Plusieurs exemples démontrent, à tout le moins, que les principales fonctions relatives à l'entreprise théâtrale étaient compatibles, aux yeux du Magistrat, avec l'exercice des droits de bourgeoisie. Ainsi, Marie Béghin, femme de de la Haye, receveur de la Comédie, se réclame de la bourgeoisie de son mari pour demander sa sortie de prison où M. de Merville l'a fait mettre. Nos échevins, après une longue conférence, obtiennent sa mise en liberté. Charles Cousin, directeur en 1766, ne se prive pas de faire parade de son titre de bourgeois. C'est aussi sur ce titre que se fonde Raparlier en 1774 pour se réclamer du Magistrat dans un démêlé avec l'État-Major de la place, sa qualité de directeur de la Comédie ne lui faisant perdre en rien celle de bourgeois de Lille, dit-il. Le Magistrat admit, sans hésitation le bien-fondé de cette réclamation et intervint en faveur de Raparlier auprès du prince de Soubise. Celui-ci, il est vrai, ne partagea pas la manière de voir de l'autorité municipale, et déclara que Raparlier dans ses rapport de comédien avec l'autorité ne pouvait tirer parti de ses privilèges de bourgeoisie.

AVANCES. — SUBVENTION. — RÉPERTOIRE.

A aucune époque antérieure à la révolution, la ville ne paraît avoir fait de sacrifices pour notre théâtre. Ce n'est même pas sans difficulté que les possesseurs du privilège firent reconnaître à diverses reprises les droits de perception que leur donnait, sur tout spectacle à Lille, le traité conclu en 1701, entre le Magistrat et Aubursin. Un ordre du marquis de Castries en 1774 finit par restreindre cette redevance aux opéras, comédies et concerts dont les actionnaires du théâtre toucheraient désormais un quart de la recette brute.

« *Lille est la seule ville peut-être où le corps municipal ne contribue pas au théâtre* » disaient les actionnaires de l'entreprise en 1771, en sollicitant de la ville, comme indemnité, la collecte des impositions. « Bordeaux, Marseille, Montpellier, Lyon, Strasbourg, Metz, Valenciennes tiennent la salle de la ville, et dans plusieurs de ces cités, le chauffage et l'éclairage extérieur en plus. » Ils offraient au Magistrat de lui réserver deux places à son choix dans le parquet s'il consentait à leur accorder leur requête; — ce qu'ils ne purent obtenir malgré l'avis favorable du prince de Soubise. Bien plus, en 1779, le directeur Lorville, ruiné par l'exploitation, ne put parvenir, malgré des efforts répétés, à obtenir du Magistrat une avance de deux mille écus, recouvrable en trois ans, sur l'abonnement des officiers de la garnison.

Divers états de « Musiques appartenant à la ville » en 1739, 1743, 1760 et composés exclusivement de pièces lyriques et de ballets, nous portent à croire cependant que le magistrat a contribué par le prêt de partitions aux besoins du répertoire de la direction. — Ainsi les choses se passent de nos jours. — En dehors des ressources de notre bibliothèque théâtrale actuelle, provenant du fonds racheté par la ville à une Société tontinière, vers 1820, il y avait, dès 1753, un fonds municipal de musiques prêtées par la ville pour les concerts. J'ai trouvé aux archives municipales un dossier classé sous ce titre : « Pièces du 2 novembre 1753 et des années suivantes concernant les musiques de la ville prêtées, dans les occasions, pour les spectacles publics. » Dans ce dossier figure un récépissé de musiques appartenant au magistrat, signé par le sieur Raparlier. Il concerne 5 Motets de M. de La Lande; *Hippolyte et Aricie*, ouverture, 5 actes et prologue; l'*Europe galante*, ouverture, prologue et 4 entrées; *Les fêtes grecques et romaines* ouverture, prologue et 4 entrées.

En 1767, Raparlier demande pour l'usage du concert établi dans la salle des spectacles, toutes les musiques de l'ancien concert organisé dans une des salles de l'Hôtel-de-Ville. Un sieur Fruict, délégué par les actionnaires de la direction de la comédie et du nouveau concert, fut autorisé à recevoir ces partitions.

Si l'on arrive à supposer une certaine corrélation entre le répertoire musical de la ville et celui du théâtre, il ne sera pas sans intérêt de donner un aperçu du fonds municipal de 1760, qui ne diffère de ceux de 1739 et 1743 que par un nombre très limité d'adjonctions. Cet intervalle correspond d'ailleurs à une période assez obscure de la scène lilloise :

L'état de 1760 comprend : *Fragments de Lully*, ballet en 4 actes et prologue ; *Les amours déguisés*, de Bourgeois, ballet, 3 actes et prologue ; *Les plaisirs de la paix*, Idem ; *Les amours de Protais*, de Gervais, ballet, 3 actes et prologue ; *Les fêtes grecques et romaines*, de Colin de Blamont, ballet héroïque, 3 actes et prologue ; *Les éléments*, de Destouches, ballet, 4 actes et prologue; *Les amours des dieux*, ballet héroïque de Mouret, 4 actes et prologue ; *Les Indes galantes*, de Rameau, ballet héroïque, 3 actes et prologue; *Les fêtes galantes*, ballet de Desmarets; *Les saisons*, ballet de Lully et Colasse; *Les amours de Momus*, ballet de Desmarets.

En tragédies et opéras, le même état mentionne : *Scylla*, de

Campra, *Télémaque, Calirrhoé, Semiramis, Issé, Marthésie, Amadis de Grèce,* de Destouches; *Philomèle, Bradamante,* de Lacoste; *Ajax, le Jugement de Paris,* de Bertin; *Pirithoüs,* de Mouret; *Hypermnestre,* de Gervais, *Pyrame et Thisbé,* de Rebel et Francœur; *Jephté* de Montéclair; *Iphigénie,* de Campra et Desmarets; *Théagène et Chariclée,* de Desmarets; *La naissance de Vénus,* de Colasse. Cinq actes et un prologue composent presque obligatoirement chacun de ces opéras.

Quant au choix des pièces nouvelles pour le répertoire, nous avons fait connaître dans le chapitre consacré à la police des spectacles les vues du Magistrat à cet égard, et les modifications qu'y apportèrent en 1782 les décisions du Ministre de la guerre.

www.ingramcontent.com/pod-product-compliance
Lightning Source LLC
LaVergne TN
LVHW050607090426
835512LV00008B/1379